근후랑 나인이 전하는 마음을 조각하는 시간

어른이 되려고
어른이 된 건 아니지만

어른이 되려고
어른이 된 건 아니지만

인　쇄 | 초판 1쇄 2025년 7월 10일
발　행 | 초판 1쇄 2025년 7월 15일

지은이 | 이근후 · 나인
펴낸곳 | 자유로운상상
펴낸이 | 하광석
디자인 | 김현수(이로)

등　록 | 2002년 9월 11일(제 13-786호)
주　소 | 경기도 하남시 미사강변중앙로 204번길 11 1103호
전　화 | 02 392 1950
팩　스 | 02 363 1950
이메일 | hks33@hanmail.net

ISBN 979-11-983735-6-4 (03190)

ⓒ 이근후 · 나인

·사전 동의 없는 무단 전재 및 복제를 금합니다.
·잘못 만들어진 책은 바꾸어 드립니다.
·책 값은 뒤표지에 있습니다.

근후랑 나인이 전하는 마음을 조각하는 시간

어른이 되려고 어른이 된 건 아니지만

이근후 · 나인 지음

자유로운 상상

(프롤로그)

나인이 전하는,
가능성을 품은 미운 오리 새끼

나를 돌아보면 동화, '미운 오리 새끼'가 떠오른다. 작은 오리들 사이로 삐죽 나온, 모습이 다르다는 이유로 미움 받고 내쳐지는 미운 오리 새끼……. 스스로를 그렇게 말하고 싶진 않지만, 여기에는 두 가지 의미가 있다. 하나는 오리뿐인 세상 속에서 다름이 가진 의미를 몰랐다는 것과, 또 다른 하나는 미운 오리였던 시절 덕분에 행복한 홀로서기를 누리고 있음에 대한 감사이다.

나는 '세상의 문은 모든 사람에게 공평하게 놓여 있다.'고

믿고, 그 문을 여느냐 열지 않느냐에 따라 삶의 경험이 달려있고, 선택의 여부는 오직 자신에게 달려있다고 생각한다. 하지만 나의 미운 오리 새끼 시절에는 이것을 이해하지도, 선택권도 없었다. 나는 그저 오리의 무리 안에서 퇴출당하지 않기 위해 오리들 사이로 몸을 구겨 넣기 위해 온 힘을 다 써야 했기에 거위로서 살아가는 방법을 익힐 시간도 없이, 내가 누구인지도 모른 채 나 자신을 잃어버릴 수밖에 없었다. 하지만 커가면서 무리와는 확연히 다른 모습 때문에, 드러내고 싶지 않아도 드러나 버린 나는 무리 안에서 쫓겨나 덩그러니 혼자가 되었고, 어쩔 수 없이 홀로 사는 방법을 익혀야만 했다.

홀로의 삶으로 무한한 시간이 주어졌지만, 시간을 다루지 못해 펼쳐진 모든 것은 공허했고, 자유가 찾아왔지만 누릴 줄 몰라 무료함과 사투를 벌여야 했다. 모든 문은 활짝 열렸건만 나는 그 어느 문도 다가가지 못했다. 나에게 선택은 없었고, 선택을 어떻게 해야 하는지 알지 못했던 나는, 너무도 자연스럽게 막다른 곳까지 몰렸다. 그런데 한 발 디딜 틈도 허락하지 않은 그곳에서 '살자'라는 마음이

왈칵하고 치솟았다. 그리고 그제야 나에게만 굳게 닫혀있는 것만 같던 그 문 앞으로 다가가 쥐어짜듯 힘을 내어 문고리를 잡아 비틀어 열었다.

    그 힘의 이름을 나는 이렇게 부른다. '에라 모르겠다.'
    그리고 처음으로 맞이한 것이 바로, '가능성'이었고,
    나는 지금까지 어른으로 변화하고 성장하는 중이다.

무리 안에서의 퇴출을 두고두고 내 삶의 변곡점으로 삼는 것이 바로 이것이다. 지금의 나는 그 어떤 문 앞에서 두려워하지도 망설이지도 않는다. 되레 모든 문은 호기심이고 모험일 뿐이다. 이 모두가 생각할수록 타고난 기질이라기보다는 내몰린 환경 때문이었으리라. 그러나 시작과 결말이 어떻든 나는 일찍이 겪은, 아니 겪을 수밖에 없었던 무리에서의 퇴출을 내 삶에서 가장 '아름다운 변화'라고 새긴다.

아름다운 변화는 곧 나에게 가능성으로 펼쳐졌다. 나는 혼자로서 꿈꾸기 시작했고, 내가 꾼 꿈이 생각에서 행동으로 삶으로 옮겨지는 것을 보면서 또 다른 꿈을 꾸기 시작했다. 다시 한번 새겨 보지만, 미운 오리 새끼 시절 덕분이고, 생존의 두려움 끝에서 얻은 행복이기에 그 겹겹의 시간은 생각할수록 참 다행이고 행운의 시간이었다. 그렇게 나는 어른이 되어가고 있었다.

어른?! 아직, 여전히, 앞으로 남은 삶 속에서 풀어야 할 숙제이지만, 어른은 삶의 한 가지의 질문에 삶으로 답하는 물음표와 느낌표의 공존이라고 생각한다. 나의 수많은 어른의 과정에서 처음으로 맞닥뜨린 '미운 오리 새끼'는 나에게 홀로서기에 관한 첫 물음표를 던졌고, 나는 끝끝내 완벽한 독립으로 느낌표를 찍었다. 그리하여 아이러니하게 들리겠지만 무리를 이루고 무리 속에서 함께하는 '협업 예술'인 연극을 나의 직업으로 삼을 수 있었다. 혼자가 되었기에 무리 안에 들어갈 용기와 힘을 얻었고, 그 힘으로 몸을 한껏 웅크리지도, 종잇장처럼 구겨 넣지도 않아도 될 당당해진 나는 더는, 미운 오리 새끼로 살지 않는다.

나는 말한다. 혼자가 되어 보라고.

그럼, 내 발로 세상이라는 문 앞에 당당히 걸어가

어느 문을 고를지 선택의 자유를 충분히 누리고,

온전한 내 힘이 모인 내 손으로 문을 열고,

힘찬 날갯짓으로 빛을 향해 날아오를 수 있다고.

이것이 어른이 되려고 어른이 된 건 아니지만 어른이 된 우리 모두에게 못나고 못난 미운 오리 새끼였던 내가 진심을 다해 전하고 싶은 말이다.

Chapter | Part 1

프롤로그 5
들어가는 말 16

Chapter 1

스물의 꿈, 어른이 되면 행복할 줄 알았습니다
어느 날 갑자기 아무도 가르쳐 주지 않은 어른이 된 나에게

눈 감으니 12월 31일, 눈 떠보니 1월 1일 23
내 기억을 기억하는 나의 낡은 일기장 26
좋을 줄만 알았는데 좋지만은 않은 어른 29
지극히 정상적인 불안과 고독이었음을 34
왜 우산 속에서 비가 내리지? 37
내가 누구인지 모르겠다는 마음에서의 새로운 출발 38
밖에선 웃고 안에서는 울던 수많은 나날 40
감정 양과 생각 군의 한집살이 42
어른이란 이름에 치이고 눌리는 무거운 날에는 46
엄마도 엄마가 처음이라서 48
알고 이해하고 기도하고 기대한다 50
주어진 시간을 실험할 특권 53
지금 당장 해야 할 것과 미뤄도 되는 것 56
조금씩 넓어지는 과정으로 생각한다면 60
아름답다고 쓰고 나답게, 라고 읽는다 62
나는 오늘도, 어른이 되어가는 중 65

Chapter 2

서른의 희망, 어른이 되면 괜찮을 줄 알았습니다
괜찮다고 말하면서도 괜찮지만은 않은 어른이 된 나에게

입신양명의 오라를 푼 새로운 해석 69
선택, 선택 그리고 또 선택 72

서른인데? VS 서른이 뭐?	75
남을 속이려다 나만 속은, 오늘	78
처음으로 물은 '나'의 첫 안부	81
위치를 바꾸고 보니 살아나는 섬세한 감각	85
돌아보지마 그게 뭐든, 걱정하지마 그게 뭐라도	88
배부른 소크라테스	90
일기 예보처럼 마음 예보가 있다면 좋겠다	92
버티는 게 이기는 거고 즐기는 게 승자라는 말	94
위로도 연민도 없이 침묵하는 시간	97
열심으로 살고 최선으로 산 결괏값	99
누군가에게 꽃도 잡초도 아닌, 나	101
누가 좀 말해 줄래, 나 괜찮다고	103
괜찮다고 하면 괜찮아지는, 마법	104

Chapter 3

마흔의 설렘, 어른이 되면 웃을 줄 알았습니다

이제야 조금씩, 작지만 비로소 어른이 된 나에게

마흔까지 살아있다고?	109
앞모습보다 신경 쓰이는 뒷모습	111
도둑맞은 게 아니라 저축한 시간	113
거절을 배우고 나서야 알게 된 배려	115
마흔이 되고서야 목젖을 드러낸 웃음	117
있는 그대로의 나를 사랑할 적당한 나이	119
응과 닮은 ÷, 나누기로 위로하고 응원하고, 위로받고 응원받길	122
흐르는 눈물이 따뜻한 이유	125
싸랑해영	128
그냥 그저 그런 날에 툭 들어오는 행복	130
편과 팬	132
어떤 날도 비틀린 하루는 없다	134
어제에 설레고, 오늘에 취하고, 내일은 미쳐야지	136
창문을 여는 순간 찾아온 바람	139

Chapter | Part 2

들어가는 말   144

Chapter 4 ─────────────────────

쉰의 자격, 어른이 되니 행복한 게 많다
눈이 아닌 마음으로, 지식이 아닌 지혜가 되는 시간, 어른

어른이란 무엇인가?   153
어른이 되지 못한 사람들   158
어른이 되고 나서 얻은 행복   164
마음이 다시 태어난, 어른   169
매일 아침 하늘을 보는 순간, 시작되는 행복   174
삶이라는 숲에서 일상이라는 꽃을 보았네   179
웃음거리가 되고만 젊은 날의 고민   186
이제야 보이고 느껴지는 부모님 마음   192
아, 삶의 스승이 시간이었구나!   197
오늘도 감사한 일을 적게 되는 나의 행복 노트   202

Chapter 5 ─────────────────────

예순의 품격, 어른이 되니 괜찮은 것 투성이다
모든 순간이 선물임을 깨닫는 성숙함의 다른 이름, 어른

흘러가는 강물처럼, 삶은 알아서 길을 찾아간다   211
여전히 나를 사랑하는 법을 배우는 중입니다   217
모든 감정은 나를 키우는 자양분이었다   222
세월은 최고의 처방전을 써 준다   229
그대로도 참 예쁜 당신   234
인생은 결국 괜찮아질 일들의 연속이다   239
완벽하지 않아 재미있는 인생   244
어른인 내가 어린 나에게 건넨 치유와 치료제   249

어차피 괜찮을 일이 많은 인생	254
인생에 무엇을 기대하고 있는가?	261

Chapter 6

아직 끝나지 않은 잔치, 어른이 되고 나니 웃을 일이 많다
일상의 모든 것이 비로소 다시 보이는 여유, 어른

실수도 웃으면 추억이 되는 삶의 여유	269
젊었을 때는 절대 모르는 소소한 기쁨	274
나이 듦이 주는 특별한 위로	281
변곡점: 삶의 고비마다 피어나는 웃음꽃	287
이제야 알게 된 선물, 매일	292
여유로운 미소가 아름다운 이유	298
마음먹기 나름, 행복이라는 걸 알았다	303
지식을 지혜로 바꾸는 시간	308
아, 끝까지 즐기는 모험이 인생이었네	314
같이 나이 먹는 사람들을 보는 재미	320

에필로그 | 근후가 전하는, 어른으로 살아가는 우리에게 전하는 위로와 응원의 말 326

Part 1

> 들어가는 말

'나의 어른 수업, 이근후 선생님'

내가 가진 부자의 정의는, 나의 위로 삶을 이끌어 주는 인생 선배가 있고, 나의 아래로는 내가 배운 삶을 전할 후배가 있고, 그 사이에 삶에 당당한 내가 있는 것이다. 뜬금없는 소리지만 이 말을 앞세우는 것은, 내가 부자로 가는 길에 너무도 많은 것을 채워주신 '어른, 이근후 선생님'를 소개하고픈 마음에서다.

어른. 나에게 어른이란 그 어떤 힘도 들이지 않고 자연스럽게 도착하는 종착역인 줄 만 알았기에, 어느 날 문득 들어 온 어른이라는 생경한 질문과 의미에 적잖게 놀란 시기가 있었다. '이미 어른인 내가 어른을 두고 고민하다니……, 하지만 가볍게 밀어두면 될 일이라 생각했던 고민은 쉽게 사그라지지 않았다. 나이를 먹는 것과, 어른이 되는 것 사이엔 보이지 않는 긴 고갯길이 있었지만, 밑도 끝도 없이 까마득한 질문이라는 생각과 이 답을 찾고 난 후, 내가 어른의 길을 가고 있지 않으면 어쩌나, 하는 두려움이 앞서, 답을 찾기도 어려웠고, 짐짓 찾는 것을 뒤로하기도 하였다. 그렇게 질문이 힘을 잃을 즈음,

'가슴에 철든 소년을 품고' 매일 아침을 '다시 태어나는 생일'이라 여기시며, '나는 죽을 때까지 재미있게 살고 싶다'는 말씀을 몸소 실천하시는 '어른, 이근후 선생님'을 만났다.

인연의 시작은 10여 년 전으로 거슬러 올라가 내가 범한 실수에서 시작되었다. 봄이 막 움트기 시작한 어느 날. 선생님의 정신분석 강의가 시작되기 전이었다. 그날따라 한쪽 안경렌즈에 뽀얗게 내려앉은 먼지가 마음에 걸려 닦아드렸는데, 함께 강의를 듣는 친구가 작은 소리로 선생

님의 한쪽 눈의 시력이 거의 없으시다는 사실을 알려주었다. 죄송스러워 마음의 방향을 잃은 그때, 선생님께서 '오늘이 가장 밝은 날이다'라시며 환하게 웃으셨다. 나의 어른, 이근후 선생님은 배움의 길에 거창한 가르침이나 특별한 일화를 통해 삶을 말씀하시지 않는다. 그저 일상의 순간 속에서 말보다 깊은 어른의 태도로 품격을 보여주시는 분이다.

삶에서, 관계에서, 나 자신에게 지쳐 무너짐을 반복할 때면 '그건 세상이 준 것이 아니라 네 안에서 일어나는 바람이고, 그 바람은 언제든 너의 힘으로 다시금 잔잔해질 수 있으니, 자신을 굳건히 믿어라.'라시며 고요한 파동을 일으켜 주시고, 엄격한 지식을 거두고 인생의 허기를 채워주는 지혜로 성장을 도왔고, 여전한 호기심으로 삶은 종착역이 아닌, 끝까지 허락된 여행지라는 것을 알려주심으로 어른의 답을 온전한 나의 힘으로 찾아가게 하셨다. 선생님의 가르침의 중심에는 '너와 내가 다름'이고, 그 다름은 각자만의 삶의 방식을 인정해 주시는 데 있다.

그런 선생님의 가르침이 끝나기도 전에 내가 가진 '어른'이라는 화두에 대한 호기심으로 선생님께 간청을 올렸다. 마음에서야 허락이 떨어지는 것을 원했지만, 선생님의 일정을 잘 알기에 내심 포기를 전제로 하고 드린 말씀이었다. 1초, 1초가 무겁게 흘러가는 그때, '재밌겠다!'는 선생님의 유쾌한 목소리가 들려 왔다. 까마득한 후배의 앎을 돕기 위해 먼저 손을 내밀어 주신 선생님은 여느 때와 다름없이 도움이라는 자리에 '재미'라는 말로 채워주신 것이다. 늘 알고 싶다는 사람에게 기꺼이 당신의 경험을 나누어주시고, '그것은 너와 다르니 내 것이 옳은 것은 아니다.'는 당부도 잊지 않으시는 겸손을 어떻게 따라갈 수 있을까…….

'어른, 이근후'. 기쁘면서도 몸 둘 바 몰라 하는 내게 선생님께서 마지막으로 남기신, '너는 너대로 써라. 그것이 가장 너답고, 너다울 때 울림이 따른다.'는 말씀이 잊히지 않는다. 그리고 선생님이 주신 새김으로 '그래, 나의 미완으로 얼룩진 그때의 감정을 솔직하게 써보자.'하는 생각을 글로 연결하기로 마음먹었다. 당시의 나는 어른이 아니었다. 그래서 어른 흉내를 내기보다는 당시의 회오리치던 감정의 숱한 낱알들을 따라가, 나와 비슷한 이들과 마음을 나누는 것이 내가 이 글을 쓰는 이유라고 생각을 다졌다. 그래서 물리적인 스물, 서른, 마흔이 아닌, 내가 어른이 되기 위해 몸부림쳤던, 마음의 나이를 하나씩 짚어가며 그때 보내지 못했던 응원을 보내주기 위해 마음의 펜을 들었다. 여기에는 늘 연륜과 경력을 뒤로하고 삶의 길에서 만난 동무로 대해주시는 선생님이 계셨고, 계시기에 용기를 낼 수 있었다.

어쩌면 나와 같이 '어른이지만, 여전히 어른이 되기 위해 오늘도 흔들리는 많은 이들'에게 위로와 용기가 될지 모른다는 생각으로. 또한 나머지의 시간은 우리의 곁에서 잔잔하고도 은은한 말씀으로 삶의 온도를 따스하게 올려주시는 '어른 이근후' 선생님께서 앞으로 나갈 우리 모두에게 어른의 길을 지혜로 채워주실 것을 믿으며.

나인 드림

Chapter 1

스물의 꿈, 어른이 되면
행복할 줄 알았습니다

어느 날 갑자기 아무도 가르쳐 주지 않은
어른이 된 나에게

눈 감으니 12월 31일,
눈 떠보니 1월 1일

: 겨우 하루 차이로 어른이 되어 버렸다. 아니다, 어쩌면 1분, 1초 차이로 어른이 되었을지 모른다. 12월 31일. 엄마 아빠의 그늘을 벗어나는 것이 두려워 안간힘을 쓰고 부여잡고 있던 끈이 1월 1일, 말도 안 되는 분과 초 단위로 끊어져 버리고 말았다. 사회가 부여한 만 나이를 꼭 잡고, 생일이 안 지났으니 2살을 빼는 야비함도 갖고 싶었지만, 스무 살. 나는 겨우 분과 초 차이로 스무 살이 되고 말았다.

어른이 되는 건 너무도 쉬웠다. 내가 무엇을 노력하여 얻었다기보다는 시간이 나를 공짜로 어른으로 만들어 주었다. 그래서인지 변한 건 아무것도 없었다. 같은 방, 똑같은 침대에서 밥 먹으라는 엄마의 성화에 평소와 다를 바 없이 무겁게 눈을 떴고, 1cm도 자람 없는 같은 키와 어제와 똑같은 얼굴, 목소리도 그대로였다. 단지 어느 날 갑자기 벌레로 변했다는 프란츠 카프카의 소설, 〈변신〉 속의 주인공처럼 나만 변했을 뿐, 세상도 가족도 너무도 아무렇지 않게, 그 어느 것도 변한 건 없었다.

오늘을 보낼 계획도 근사한 외출도 없었다. 그저 늘 만나던 친구와, 똑같은 분식집에서 어제와 비슷한 떡볶이와 김밥 정도의 분식을 사이에 두고 별것 없는 수다를 떠는 게 다였고 돌아오는 버스에선 이름 모를 공허함으로 빠르게 지나는 풍경을 멍한 눈으로 담으며 깊은숨을 쉬었다. 그게 다였다. 그래서 아무것도 하지 않는 그저 그런 날로 기록되었을 것이다. 어제와 다르지 않은 오늘, 나는 아무것도 하지 않은 채 어른이 되어버렸다.

그날의, 그 때의 나의 감정 스케치는 이렇다.
스물, 내가 무얼 잘해서, 잘못해서 얻은 나이가 아닌데 왜 이토록 벅참과 무거움이 온몸이 터질 듯, 가득 차 있는지 잘 모르겠다. 아무것도 준비되지 않은 채 얻은 나이, 나는 어른이 될 어떤 준비를 해야 할까?

아, 모르겠다. 어른의 계획은 오늘이 아니어도 내일이든 모래든 언제고 세우면 될 일이다. 또 그렇게 뚜벅뚜벅 걸어가는 시간이 나를 어른으로 밀어낼 것이다.

내 기억을 기억하는
나의 낡은 일기장

: 신호 대기에 걸린 맞은 편. 각도기처럼 펼쳐진 시야에 많은 사람들이 들어온다. 그 사람들 중에 내가 아는 얼굴 한 명쯤 찾아보지만, 다 낯선 얼굴이다. 동네가 내려다보이는 어디 즈음에 서서 저 많은 집 중에 내 집 한 채가 없다며 웅얼거린다. 손이 닿지 않는 별을 콕콕 짚으며 저 별은 나의 별이라고 찜해뒀는데 어느새 별이 사라져 버렸다. 이 넓은 세상에 내 것 하나가 없다.

나를 행복하게 했던 일들은 나를 아프게 하겠지. 반대로 나를 아프게 했던 것이 아무렇지 않거나, 혹은 새카맣게 잊히겠지. 아니다, 좋았고 행복했고 아름답고, 아팠고 상처받고 넘어졌던 모든 건 처음부터 내 것이 아니었기에 내 옆에 머물지 않거나 사라지거나, 혹은 다른 것으로 변해있을 것이다. 영원할 것 같지만 영원한 건 없다. 시간도 공간도, 사람까지도. 그 어느 것 하나도.

생각의 꼬리를 물고 물다 실컷 물어뜯고 나면, 지금 손에 꼭 쥔 것들은 언젠가 모래 낱알처럼 흩어질 것이란 허무의 끝에 우뚝 선다. 그렇다고 느슨하게 손을 풀어 줄 수도 없다. 감정이 실타래처럼 엉겨 붙더니 결국 엉키고 만다. 어디서부터 어디까지 풀어야 할 숙제이고, 어느 문제가 스물의 문제인지 감도 오지 않는다.

스물. 하고 싶은 것도, 해내고 싶은 것도, 갖고 싶은 것도, 그저 앞으로 달리고 싶다. 생각이 너무 많다. 앞으로 살 날이 구만리라는데 나는 오늘 당장 살고 싶다. 생각이 바빠지니 가빠진 호흡에 얼굴이 달아오르는 건지, 달아오른 얼굴 때문에 호흡이 가빠지는 건지, 터질 듯 부푼 호흡 때문에 유리처럼 얇아진 몸이 조각조각 터질 것 같다. 5월. 햇살은 뜨겁기만 한데 갑작스레 온몸에 한기가 서린다. 스물. 어른. 정신 차려! 내 귀에만 들리는 별별 소리가 나를 때렸고,

한 대에 한 번씩 고개가 자꾸만 밑으로 떨어진다.

생각으로 모든 감정을 다 태운 스물. 그 어떤 시간보다 집중했고, 그 어떤 색보다도 선명했고, 그 어떤 빛보다도 찬란했던 스물. 그래서 그 모든 걸 다 태워 고민했고, 모든 것을 다 부숴 아픔으로 새겼고, 모든 것을 다 쏟아 상처로 남겼다.

언젠가는 아무 일 없다는 듯 지나간다 해도, 단지 이걸 기억하는 건 내 낡은 일기장뿐이라 해도, 이미 나는 잊어버리고 없어진 기억이라 해도, 다른 기억이 밀고 그 자리를 차지한다 해도, 내 삶에서 나의 감정과 치열하게 싸웠기에, 격렬하게 아프고 서러웠기에, 미치도록 사랑하고 미워했기에, 그래서 절대로 꼭 쥔 손을 풀 수 없었던 시간, 스물을 나의 낡은 일기장은 또렷이 기억하여 내 삶의 귀한 감정노트가 되어줄 것이다.

좋을 줄만 알았는데
좋지만은 않은 어른

: 아마도 나는 나의 스무 살을 드라마처럼 영화처럼 그렸나 보다. 그래서인지, 생각과 상상으로 펼쳐지길 원했던 모든 것은 잔인하리만치 절대, 일어나지 않았다. 그리고는 근본 없는 좌절감에 빠져 마치 길을 잃은 듯 허우적거리며 시간을 보냈다. 그때의 나는 너무도 확고한 자신감에 차 있었다.

일단 집을 나서기만 하면 상상에서 존재하는 보물섬 속 보물을 내 손에 쥘 수 있을 것 같은, 내놓기에도 부끄러운 이런 밑도 끝도 없는 생각이 도대체 어디서 나왔을까? 생각해 보니, 부모님의 무조건적이고도 완벽한 보조 때문이었으리라. 손에 쥐고 태어난 도깨비방망이를 20년 가까이 휘둘렀으니, 모든 것이 저절로 될

것 같은 착각에 빠졌고, 착각은 환상으로 이어졌다. 절대로 받아줄 일 없는 사회는 철없는 이들에게 마치 저주를 뿜어내는 어느 선생님의 말씀처럼 딱 맞아떨어졌다. 춥고 시리고 배고팠다. 산처럼 쌓은 계획만 있었을 뿐, 실천이 계획을 현실로 만들어 준다고 생각하지 못했기에 '늬들 사회가 호락호락한 줄 알지? 사회는 말야,'라며 핏대를 세우며 날 선 목소리로 외친 어느 선생님의 저주 같았던 말씀은 곧 예언이 되고 말았다. 건강하게만 자라다오, 라고 해서 별 탈 없이 컸지만, 스물. 어른. 건강만 해선 안 될 일이었다. 해결 과제가 여태껏 해 온 숙제는 비교도 안 될 만큼 많았고, 한 걸음을 떼고 나면 다시 장애물과 장벽 투성이었다. 배 속에 넣고 다닐 때가 그래도 편했다는 엄마들의 투정처럼 도깨비방망이를 이리저리 휘두르던 스물, 그 전이 좋았고 행복했다.

문득 물이 병에서 빠져나갈 때 목 부분이 좁아지는 '병목현상'이라는 것이 생각난다. 넓은 병 안에 든 나의 모든 상상과 환상은 사회라는 비좁은 병의 목을 통과하면서 현실자각이 되어 돌아왔다. 얼마 동안은 괜찮다는 위로가 있겠지만, 위로만으로는 버틸 수 없는 노릇이다. 대학 나와 안정적인 직장과 행복한 취미 생활이 안겨주는 굿라이프, 웰라이프는 어디에서 찾아야 하는 건지, 남의 이야기이고 나와는 상관없는 헛소리일 뿐이다. 자신감, 열정, 모험, 희망이라는 꿈의 단어는 경쟁, 불안, 체념, 무모함이라는 현실적 단어로 자리바꿈을 하였고 끝이 없는 벼랑 끝에 서서 한발만 헛디디면 끝도 없이 떨어질 것 같은 두려움이 올라왔다. 그러다 문득,

> 어떤 힘듦이 있었냐를 따져 묻기 전에,
> 나만 안된다고 주저앉아 좌절하기 전에,
> 세상에 대고 악을 쓰며 눈물을 흘리기 전에,

그게 시작이다, 라는 말이 내 마음을 치기 시작했다. 걸음마를 위해 수 없이 무릎이 깨지고 멍이 들고 상흔이 남았을 것을 돌아보며 이제 수만 번의 실수와 실패를 할 것이고, 넘어졌을 때 달려와 준 부모님 대신 그 자리에 내가 서서 괜찮냐고, 괜찮다고 말해 줄 사람이 바로 나라는 것을 알고, 가방을 새로이 싸서 용기 있는 출발을 응원해

주어야 한다. 그리하여 경쟁, 불안, 체념, 무모함을 다시 삶과 경험으로 자리를 다시 한번 재정리하고 웃으면 그만이다. 그때도 그랬다. 한 번의 넘어짐으로 세상이 떠날 것같이 울었지만 기억에서 지워지고 우뚝 섰듯이 스물은 세상으로 내딛는 '다시 걸음마'일 뿐이다. 그것을 당장은 이해할 수 없겠지만 이미 출발한 스물이 나침반이 되어 알려줄 것이기에 조금씩 서서히 천천히, 받아들이면 된다.

지극히 정상적인
불안과 고독이었음을

: 내일 힘들지 않으려고 오늘 미치도록 뛰었고, 여유로운 내일을 위해 오늘을 바쁨으로 내주었고, 내일 한번 제대로 누리려고 오늘을 내주어 정신없이 달렸고, 내일은 반드시 웃어야지 하는 마음에 오늘에 주저앉아 눈물을 훔쳤고, 내일의 편안한 잠을 위해 오늘을 뜬 눈으로 보냈고 내일의 성장을 위해 오늘의 상처를 묻어두었을 것이다.

어떻게 아느냐고 묻는다면,
나도 그랬으니까, 라고 답하겠다.
그래도,

10대, 20대, 30대, 그리고 4,5,6,7… 겹겹의 나이가 있어 참 다행이다. 나를 위로해 줄 열 살 많은 인생 선배가 있어서. 계단을 먼저 오른 이가 벅찬 숨을 거칠게 내쉬며, 흥건하게 땀 흘리며, 지금 겨우 계단을 오르고 오르는 나에게 잘했다, 대견하다, 물 한 잔을 건네줄 수 있어서. 나를 두고 겹겹으로 둘러싼 나이가 있어 참 좋다.

위로와 응원에 나이가 어딨겠냐마는 그래도 정상이 없을 것만 같던 곳에서 먼저 정상의 공기를 쐬고 내려오는 이의 힘내라는 말에 다시 오를 힘을 얻을 것이고, 삶이 힘들다는 말에, 살아보니 꼭 그렇지만은 않다는 말이 위안이 될 때가 있더라.

그러니 지금 불안하고 고독한 것은 매우 정상이다. 이제 막 집을 나섰는데 어떻게 낯선 길에 훤할 수 있겠고, 어떻게 목적지까지 단번에 잘 도착하길 바라며, 어떻게 무섭고 두렵지 않을 수 있겠는가. 처음은 다 그렇다. 지극히 정상적인 불안과 고독에 너무 기죽지 않아도 된다. 우리는 안다. 한 번도 마주친 적 없다고 하더라도, 앞으로도 마주칠 일 없는 사람일지라도, 그 모든 길은 혼자 걷는 길이 아니기에 우리도 너의 그 마음을 잘 알기에, 그 어떤 주석도 달지 않고 널 무조건 응원하는 것이다.

    화이팅!!
    이것에는 아무 이유 따위 필요 없이,
    무조건!!

왜 우산 속에서
비가 내리지?

: 그건,
즐거울 일 하나 없는데 행복한 척하니까.
실수하는 게 당연한데 안 하려고 애쓰니까.
사람들 앞에서 쓴 가면, 벗지 못해 무거우니까.
힘을 내야 할지 빼야 할지, 힘 조절이 안 되니까.
실패가 자연스러운데 부자연스러운 성공을 원하니까.
흔들리고 무너져야 하는데, 안간힘을 써서 버티니까.
놔줘야 하는 끈을 손바닥 긁혀가며 끝끝내 잡으니까.
아프고, 화나고, 상처받아 울컥, 눈물 나는데 웃으니까.
⋮

네가 뱉은 한숨이 비가 되어 우산 속으로 내리는 거야.

내가 누구인지 모르겠다는
마음에서의 새로운 출발

: 내가 남이 아니라서 나는 나를 알 수 없다. 만일 내가 남이라면 내가 누구라고 단단하고 강한 어조로 칼날같이 답할 것이다. 하지만 나와 나는 한 겹이기에, 따로 떼어 놓을 수 없기에 내가 누구인지 모른다는 당연한 고민에 빠지기도 한다.

그래서 한없이 응원해 주고, 한없이 관대하게 나에게 기다림의 시간을 나눠줘야 한다. 내가 좋아하는 사람이 약속 시간에 늦으면 뾰족한 눈과 말로 닦달하기보다는 걱정을 먼저 내밀듯이. 온종일 말도 안 되는 실수를 하더라도 그 실수에 부끄러워 말고, 그 부끄러움 때문에 다음을 두려워 말고, 작고 사소한 것까지 기다려 주고 응원해 주어야 한다.

그것이 어렵다면, 부디 나를 끝까지 누구인지도 모르는 사람처럼 대해주길 바란다. 모르는 이에게 물색없이 화를 내서는 안 된다는 작은 예의를 차리듯이. 그것이 다음에 어떤 성공으로, 당당함으로, 자신감으로 돌아올 거라는 믿음으로, 지금의 것을 헤치지 말고 묻어두는 미덕과 두 팔 벌려 따스하게 안아 줄 포용과 빙그레 웃어줄 아량을 베풀어, 나를 꼭 안아 주길 바란다.

이런 연습으로 세상에 밀리고 치이고 넘어지고 쓰러져 홀로 되었다 해도 나의 또 다른 겹이 홀로 있는 나에게 친구가 되어 줄 것이고, 고독한 나에게 말을 걸어 줄 것이다.

    내가 누구인지 모르겠다는 내가,
    누구도 못 하는 걸 너에게 해 줄 것이다.
    내가 나에게.

밖에선 웃고
안에서는 울던 수많은 나날

　　　　　　　　　　: 그래도 괜찮지. 그런 날도 있지. 그래야 좀 후련하지. 그걸로 내일을 살지. 그러고 나면 좀 괜찮으니까. 그렇게라도 하지 않으면 어떻게 살겠니.

괜찮다가도 괜찮지 않은 날이 얼마나 많은지 그걸 너는 알아가고 있는 거다. 잘 버티고 있다가도 툭 하고 넘어지는 날이 얼마나 많은데, 그만하면 잘 참아 낸 거다. 별일 없이 살다가도 별안간 벌어지는 별별 일이 얼마나 많은데, 그 정도면 잘 넘어가는 거다.

너의 눈물은 네 삶에 진심이 녹아 흐르는 것이니, 밖에서는 웃고 안에서는 울면서 그렇게 또 넘어가라고 말하고 싶다. 그것이 열 번, 백번, 끝끝내 끝나지 않을 것 같아도,

목이 멜 정도로 넘기고 삼킨 눈물, 너 혼자 있을 때라도 토하듯 소리 내어 울 수 있는 자유를 충분히 주어 그 눈물로 상처 난 네 마음을 씻어내길 바란다.

안다. 이해한다. 그래서 너를 품속에 깊이 넣고 안고 토닥여 주고 싶다. 눈물로 가득한 네 눈이 얼마나 세상에 진심이었을지. 주저앉아 호흡이 엉킬 정도로 아이보다 더 아이처럼 꺼이꺼이 울어대는 소리가 세상에 대고 부르짖는 너의 외침이었을 거란 걸 나도 안다. 미치도록 잘 살고 싶다는 한줌도, 겨우 몇 그램도 안 되는 새털같이 가벼운 작은 소망에 몸부림쳤을 너라는 걸 온 마음으로 느낀다. 그러니 밖에서 웃은 너에게 소리쳐 울 자유를 주길 바란다.

흐르는 네 눈물 속에서
네가 느꼈을 것은 결코 가볍지 않을 것이므로.

감정 양과
생각 군의 한집살이

　　　　　　　　: 얼마나 좋은지 모른다. 서로 다른 감정과 생각이 내 안에서 사는 것을 나는 '균형'이라고 말하고 싶다. 문제는 감정이 나와야 할 때 생각이 앞서고, 생각이 필요할 때 불쑥 감정이 튀어나오는, 순서의 문제일 뿐, 둘의 한집살이는 아무런 문제가 없다.

가능만 하다면 감정과 생각에 다른 무엇도 더해서 대가족을 이루었으면 좋겠다. 생각과 감정이 서로 우리 안에서 공존하는 진짜 이유는 상호 보완에 있을 것이다. 오래전의 묵은 기억을 상처로 호소할 때 이성이 '이건 지나간 것이기에 지금은 널 괴롭힐 수 없어. 넌 이젠 다른 사람이니까'라는 말 이상의 따스한 토닥이 없을 것이고, 생각이 너무 많아 골치가 아플 때, 마음이 생각을 따스하게

안아 주며 '고단하겠다, 오늘은 쉬자', 말한다면 이보다 부드러운 쓰담이 없을 것이다. 만일 우리가 감정과 생각을 두고 대립각이 아닌 보완과 균형으로 배우고, 활용하고, 다스렸다면 우리의 마음 사용은 지금과는 달랐을지 모른다.

감정을 저 멀리 두고 이성만을 앞세우는 시대는 지났다. 이제는 감정의 시대이고, 감정 에너지를 어떻게 활용하는가에 대한 질문 속에 놓여있다. 배운 것이 모두 완벽한 것이 아니고, 아무리 좋은 가르침도 나에게 맞지 않으면 그건 정리하고 버려야 할 쓰레기에 불과한데 그중 하나가 감정에 대한 시대적 가르침이다. 그건 그때 필요한 가르침이지 바뀌지 않은 채 그대로 적용한다면 시대적 오산이고 교육의 게으름일 뿐이다.

지금 나와 네가 숨 쉬는 이 사회는 소속보다는 개인을 존중하고, 스스로에게 괜찮다고 말해 줄 수 있어야 하고, 내가 있어야 비로소 나와 너, 우리가 완성되는 지금 여기에 살고 있다. 그러니 감정과 이성을 가르는 칼을 거두고 한집 동거에 아낌없이 축하를 보내주어 이들의 건강한 앞날을 위해 한집살이에 필요한 새로운 규칙을 제공해 줘야 한다.

누굴 위해?
⋮
나를 위해!

어른이란 이름에
치이고 눌리는 무거운 날에는

　　　　　　　　　: 어른은 아마추어 오래달리기
이자 마라톤이다. 어느 하루 열심히 달린다고 단번에 기
록 경신을 하는 것도 아니고, 설사 기록을 뛰어넘었다 해
도 기분이 좋았다 뿐이지 세상이 변하지 않는다. 하루를
뺀 일 년이 없겠지만 일 년에서 하루를 뺀다고 해서 큰일
닐 일도 없다. 어른이란 이름표를 달고 열심히 살았대도
나를 위해 산 것이고, 그렇지 않는다고 해도 내가 가져가
야 할 날일 뿐이다.

앞으로 1년에 끝날 일도, 10년 지난다고 피니쉬라인이 펼
쳐질 것도 아니다. 죽을 때까지 20, 30, 40⋯ 등번호를 갈
아치우며 뛸 일이다. 지금에야 하루라는 이가 빠지면 세
상이 무너질 것 같아 발을 동동 구르지만, 1년만 지나고

나면 특별할 것 없이 아주 보통의 어느 시간이 흘러간 것뿐이다.

잡지 말고 흘러가게 놔두는 연습도 필요하다. 쉼표 없이는 아름다운 음악이 있을 수 없고, 반점 하나가 문장의 의미를 살리고 죽인다는 걸 안다면 우리의 긴 인생에 치여서 힘들고 무거워서 짓눌리는 시간에 쉼표와 반점을 찍어주는 것이 얼마나 중요한지 알게 될 것이다. 그러니 흘러가는 어느 시간이 될 지금,

,

쉼표 하나 크게 찍어두고 푹 쉬면 된다, 푹!

엄마도
엄마가 처음이라서

: 참으로 곱고 따스한 말이다. 처음으로 맞이한 역할에 서툴기 짝이 없었음을 시인하는 자기 고백. 침대처럼 아늑하며, 이불처럼 포근하고, 베개처럼 편안하다. 그런데 '엄마는 처음일지 모르지만, 엄마는 어른이잖아요!'라는 아이의 외침이 연결되면 따스한 자기 고백은 어설픈 자기 합리화가 되고 만다. 엄마에겐 아픈 회초리 같겠지만, 고운 말속에서 뼈를 찾아 발라내고 보니 너무 맞는 말이다. 내가 버겁게 걸어가는 길을 나보다 먼저 걸었다면, 나를 내려다볼 정도로 나보다 큰 사람이라면, 어른보다 한참 작고 작은 아이의 마음을 헤아려 주고, 굽어봐 줘야 하는 것 아니냐는 서운함과 분통이 서릴만하다. 아이에게 엄마의 서툶이 이해될 리 없으니까.

어느 한 날 특별하지 않은 날이 없는 것이 우리의 인생이지만, 모든 날이 특별하다고 특별한 의미를 두지 않는 것 또한 삶의 흐름이다. 다 자라서 자기 일에 책임질 수 있는, 사전에 나오는 말을 갖춘 사람이 어른이라면 그것은 나이보다 빠르게 어른이 되기도 하고, 나이보다 한참 늦도록 어른이 되지 못할 수 있다. 어른을 생애 주기로 혹은 "논어 위정편"에 나오는 공자가 걸어온 길을 기준으로 선을 긋거나 가르지는 않겠지만 그렇다고 마냥 어린아이로, 소년으로 남을 순 없고, 삶이 처음인 우리가 세상에서 맞닥뜨리는 모든 것이 처음이라 해도, 처음이라는 말로만으론 어른이 되길 거부할 수 없다.

'엄마는 처음일지 모르지만, 엄마는 어른이잖아요!'를 외치던 아이의 외침은 어른이 처음이라 서툴다고 말하는 우리가 가져가야 할, 어른이 처음이라는 말의 유통기한이 언제까지일지를 묻는 각자의 목소리가 아닐까? 그러니 지금 당장은 아닐지라도 서서히 준비해야 한다. 나의 내면 아이를 지켜낼 힘 있는 엄마가 되기 위해.

알고 이해하고
기도하고 기대한다

　　　　　　　　　: 하루를 다 망친 듯 울었다. 잘하고 싶은 게 너무 많은데 잘하지 못하고 잘할 수 없어서. 그것보다도 절망적인 건 잘하는 게 뭔지 모르겠다는 마음 때문에. 나는 당연하고도 당연한 것에 고민하고, 두려워하고, 걱정하고, 안타까워 슬피 울었다.

거짓말처럼 모든 일이 이루어지길 기도 했다. 흔적 없이 사라지는 상처, 구름처럼 걷히는 두려움, 노력 없이 얻어지는 성공, 두루마리 화장지처럼 술술 풀리는 관계, 꿈처럼 선명하게 나타나는 미래가 나에게 펼쳐지기를 거짓말에 기대고 의지했다.

안다. 옅은 숨으로 살아가던 네가, 깊은숨으로 살아야 할 날들이 얼마나 너를 힘들게 하는지, 힘차게 뛰고 숨이 턱까지 받힐 만큼 달린대도 보일 기미 없는 종착점을 얼마나 애타게 찾고 있을지, 온몸에 맞은 빗물에 덜덜 떨고 있는 너에게 비를 피할 수 있는 처마가 얼마나 필요한지, 그래서 힘겹고 버거운 현실을 떠나 꿈에, 거짓에 기댈 수밖에 없는 너의 심정을 나도 안다.

이해한다. 행복으로 요동치는 밀물과 썰물이 얼마나 무서운지, 잠잠할 새 없이 치솟는 삶의 파도에 정신없이 휘둘리느라 얼마나 힘든지, 물에 흠뻑 젖은 네 한 몸뚱이를 말릴 수건 한 장을 내밀어 주는 이 하나 없다는 것이 얼마나 고독한지, 언제고 또다시 나를 향해 돌진할지도 모른다는 괴로움으로 잔잔한 물결마저 고통스럽게 바라볼 수밖에 없는 너의 힘든 마음을 나도 이해한다.

기도한다. 어제도 달렸고, 오늘도 달리고, 내일도 달릴 나른한 너의 몸을 어둠이 내렸을 때만이라도 눕힐 자리가 있기를, 그것으로 네가 맞이하는 처음의 평안을 시작으로 안온한 삶을 꿈꾸며 살 수 있기를, 이것으로 너의 너무도 순수하고 당당한 꿈과 희망 또한 너무도 당연하게 이루어지기를, 너의 노력과 네가 흘린 땀이 오롯이 너를 위해 피어나는 열매가 되기를, 너의 마음으로 나는 기도 한다.

기대한다. 어떠한 미완의 고충도 딛고 우뚝 일어나길, 지치고 힘들고 아프고 상처받았던 모든 것이 경험으로 피어나길, 네가 가진 불안정으로 흔들리는 마음이 성숙과 균형으로 찾아오길, 그리하여 너를 위해 눈부시게 빛나는 그 빛을 온몸으로 받기를, 그 빛으로 네가 가진 오늘과 내일의 젊음이 온전히 빛나기를. 너의, 네가 가진, 네 등 위에 짊어진, 지금의 힘듦이 내일의 어느 날 그럴만한 이유로 웃음으로 돌려받는 그 날이 오기를 함께 하는 마음으로 너의 삶을 기대하고 응원한다.

너를 위하는 나의 온 마음이 스물의 너에게 닿기를…

주어진 시간을
실험할 특권

: 어쩌다가 혼자가 되었다면 고독을 즐기고, 운이 좋게 누군가에 둘러싸였다면 인기를 누리고, 행운처럼 사랑하게 되었다면 진심을 다하고, 불행히도 아픔이 덮쳤다면 깊고 뜨거운 눈물을 흘려 보길 바란다. 이것이 지금까지는 살아보지 못한, 그러나 이제부터는 살아야 할, 그것으로 성장할 수 있는, 살아있는 호흡을 배울 시간이기 때문이다. 다만 놀라거나, 기뻐하거나, 행복하거나, 안심하거나, 불행하거나, 두렵거나, 무서워하지 않아도 된다.

생후 5~6개월에 뒤집기를 하는 아가처럼 모든 행복과 불행이 우리의 삶에서 수없이 뒤집기를 할 것이고, 그 위대한 뒤집기는 삶의 끝까지 뒤집고 또 뒤집을 힘으로 일어날 것이며, 그리하여 지워지지 않을 것만 같은 너의 시뻘건 기억도 오래 머물거나 새겨진 채 남아있지 않을 것이다.

모든 건 형체 없이 바람처럼 오고 간다. 우리가 가져야 할 것은, 나를 찾은 모든 주어진 시간을 특권으로 여기고 즐기면 된다. 잘할 수 없으니, 잘하지 않아도 되고, 잘하려고 애쓰지 않아도 된다. 그건 그저 명상의 시작인 숨쉬기일 뿐, 거기에는 아무런 의미도, 각인도 필요치 않다. 지금 당장 완성을 기대하여 지금의 불안함을 즐기지 못하면 그것은 언제고 예고 없이 불쑥 찾아와 나와 너를 괴롭히고 우리의 삶을 가로막을 것이기에, 불완전해도 좋을 스물, 너희만 가진 주어진 시간을 특권으로 가벼이 여겼으면 좋겠다. 나와 너의 길고도 긴 시간은 아마도 우리가 생각지도 못한 방법으로 자신을 증명하게끔 앙탈을 부릴 것이다. 그 앙탈을 들어주면 들어 줄수록 시간은 나와 너의 앞이 아닌 뒤를 노릴 것이고, 그것을 피하면 피할수록 나와 너를 놀래키는 비열한 방법을 동원할지도 모른다.

인생이 어디 뜻대로 다가와 주고, 머물러주고, 흘러가 주겠는가? 알면서도 이것을 부정하고 싶은 것은 스물에게 준 이 특권을 제대로 누리지 못해서이다. 그래서 살고 산 이들이 자꾸만 스물을 되돌아보는 것이다. 그때의, 삶의 첫 단추를 너무도 꼭 채워 나의 숨통을 너무도 조였기에. 그러니 진정하고도 생생하고도 실제적인 스물아, 외면하고 피하지 말고 당당하게 맞서 네가 가진 모든 감정을 원 없이 발휘하여 담판을 지어라. 삶은 어차피 너희 편이 아니라 생각한다면 더는, 더더욱 기죽을 일도 없으니 무서워 말고, 두려워 말고 해내도 된다.

누군가는 나와 네가 가진 것이 부족하고 모자라 우리가 가진 모든 것을 한계고 장애물이라 조롱하더라도, 나, 너, 우리가 가진 시작이라는 무한함을 무기 삼아 파도를 벗 삼아 춤을 추길 바란다. 어차피 아가의 힘찬 뒤집기처럼 인생은 뒤집히고, 뒤집히고, 또 뒤집힐 것이니.

지금 당장 해야 할 것과
미뤄도 되는 것

: 이렇게 생겼으면 어떻고 저렇게 생겼으면 어때? 그라인더로 갈아버리고 사포질로 매끄럽게 다지고 니스칠로 광택 낸 모두가 똑같은 것보다 재미있지. 그런 시간은 울퉁불퉁 제멋대로 생긴 대로 다 살아보고 난 후에 삶의 마지막, 마감으로 미뤄놔도 늦지 않다. 어차피 생긴 모습으로 살면서 깨지고, 깎이고, 갈릴 텐데 미리 손댈 필요 없고, 살면서 만들어지는 어느 정도 나온 모양에 작은 손을 보태면 나만의 작품이 되니 생긴 대로 살면 그만이다.

지혜의 선현도, 경험 많은 선배도 다 제각각일 뿐이다. '오르지 못할 나무는 쳐다보지도 말라'는 말에 고개를 끄덕이다가도 '열 번 찍어 안 넘어가는 나무 없다.'는 말에 흔들리고, '가까운 이웃이 먼 친척보다 낫다.'는 말에 공감했다가 '피는 물보다 진하다'는 말에 돌아서기도 하고, '아는 것이 힘이다.'는 말에 주먹을 쥐었다가 '모르는 것이 약이다.'는 말에 꼭 쥔 주먹을 풀기도 한다. 물을수록 어지럽고 들을수록 헷갈린다. 이럴땐 누군가 툭 던진, '내 멋대로 해'라는 말이 답이 되어 돌아온다.

어디 눈, 코, 입 모양이 같나, 위치가 같지. 그저 다를 뿐이라는 문장 하나 가슴에 새기고 생긴 대로 살면 그만이다. 그게 스물이 가진 자유이고 특권이다. 나이 들어 얻은 주름이 나와 너의 구분을 무너뜨리고 비슷함을 주기 전까지는 너의 마음이 시키는 대로 해도 된다. 다만 그것을 나, 라는 주어가 원하는지 원하지 않는지를 잘 헤아리고 살핀다면, 실패하더라도 후회를 남기지 않을 것이고, 실패를 성공의 어머니로 높게 올릴 것이다.

삶에는 선현도 선배도 다만 참견자일 뿐이다. 그것이 조언으로 뿌리내리려면 나의 모양대로 삶에 부딪혀 보고 난 후에, 그것만으로는 힘이 부족할 때 손을 내밀어도 늦지 않다. 지금은, 지금 당장 해야 할 것과 미뤄야 할 것의 배열을 잘 만들고 행동하고 기다리는 그때일 뿐.

갈증이 물을 부르지, 물이 필요 없는 때마저도 물에 물을 더하면 잘 자라던 화초도 이내 물속에서 숨이 막혀 힘없이 죽어간다.

조금씩 넓어지는
과정으로 생각한다면

: 나 외의 모든 사람이 행복해 보인다면, 그건 그가 행복한 것이 아니라 내 눈에 행복해 보이는 것이다. 남이 가진 것은 내가 가진 것보다 늘 많아 보이는 것이 당연하기에 SNS 어느 페이지에 담긴 사진 한 장에 속고, 웃는 얼굴에 나의 부러움을 선뜻 내주게 된다. 누군가에게는 너의 모습도 그럴 것이다. 무표정에서도 표정을 만들어 읽고, 추레한 옷을 입어도 감각으로 추켜세울 것이고, 실패로 좌절한 너 일지라도 쉼표로 해석할 것이다. 휴, 어쩌면 다행일지 모른다. 오해와 잘못된 해석이 나에게 응원이 되고 힘이 된다면, 남을 통해 내가 괜찮은 사람이라고 확인받는 것이 나에게 위안이 된다면, 그것도 꽤 괜찮은 방법이다.

우리는 모두 울며 태어나지 않았던가? 늘 운다 해도 이상

할 것 없이 눈물은 세상을 향해 우리의 원초적이고도 가장 솔직한 감정이다. 그러니 울 일이 있는 것이 아니라 우리는 울면서 세상을 향해 가는 것이니 지금 흘리는 눈물을 초라하다고 여기지도, 나를 향해 약하다고 꾸짖지도, 남과 비교하여 나에게 화내거나 손가락질도 하지 않길 바란다. 나는 그저 세상이 내려 준 그대로 순수한 모습으로 살아가는 것이니.

우리는 그저 하나를 보태면서 조금씩 강해질 뿐이다. 부서지기 쉬운 모래알이 물을 만나 점성을 더하듯, 힘없는 풀잎이 화분을 만나 예쁨으로 피어나듯, 잔잔한 바다가 바람을 만나 파도를 일으키듯, 아주 작은 보탬으로 변하고 또 변화하는 것이 우리이고, 스물이다.

강해진다고 울지 않는 것이 아니라, 서서히 조금씩 눈물을 감출 힘이 생기는 것이니 아무 걱정하지 말고 흘릴 눈물이 많을 때 많이 울어두길 바란다. 그것이 너의 끝이 아니므로. 그것으로 너는 세상의 보탬을 얻고 그것으로 너는 또다시 새로이 피어날 것이므로.

아름답다. 라고 쓰고
나답게, 라고 읽는다

       : 아름답다는 말이 그저 예쁜 것 그 이상인 것을 의미하는 줄만 알았지, 나답다는 속뜻을 품은 말인지 몰랐다. 늘 콩알만 한 공벌레처럼 살았다. 작은 위협에도 소스라치게 놀라 몸을 한껏 웅크려 자신을 보호하는 공벌레. 누구 하나 나에게 뭐라 하는 사람도, 뭐라 할 사람이 없는데 하지도 않은 말에 휘청대고, 보지도 않아도 될 눈초리에 시달리면서 나는 점점 고개를 온 몸 속에 파묻어 버리는 공벌레가 되었다.

나답게, 나답다, 나답게, 나답다, 무한 반복 속에서 나다운 게 무엇인지, ……, 결국 말 줄임표가 찍혔다. 나라는 물음에 우물쭈물 답하지 못하는 나를 보면서, 곁에 둔 나에게서 멀리 달아나 소실점으로 희미해지지는 나를 보면서,

끝없이 반복하면서도 단 한 번도 나를 찾지 못하는 나를 보면서…, 모래알처럼 부서져 펑펑 울고야 말았다. 나는 아름답지 못하여 나답지 못했기에. 나를 두고 혼란하고, 나로 태어나고도 나로 살 수 없고, 남을 앞으로 두고 나를 뒤로 물러나게 하는 나는, 점점 서서히 하루하루, 나를 잃어버리고 있다.

그래서 이기적인 마음이 일어나지 못하면 끝내 나를 찾을 수 없다는 것이, 나를 찾기 위해서는 남을 앞질러야 한다는 죄책감을 함께 가져야 한다는 것이, 나를 옆에 두고도 나를 알아보지 못하는 것이, 어지러이 엉켜 있는 정글에서 나를 찾게 하는 것이, 오늘도 수십, 수백 명 사이로 진짜의 월리를 찾는 게임처럼 나를 찾고 있는지도 모른다.

이처럼 수많은 나열을 하는 진짜 이유는,

나를 찾아 나로 살고 싶다는 열망 때문에.

나를 생각하면 어지러운 스물이여, 기억해야 한다. 아름답다는 기준이 나일 때 나를 찾을 수 있다는 것을, 세상의 잣대가 아닌 나만의 눈금자를 가지고 있어야 한다는 것을, 빛을 향해 고개를 돌리지 말고 내 안에 빛을 발견하기를, 넘어지고 쓰러지는 나를 비웃지도 연민하지도 말고, 과정으로 넘어가는 대담함을 갖기를, 변화에 흔들린다고 평가하지 말고 나의 시선을 바로잡는 기회로 알아주기를, 그 외 기타 등등, 일련의 모든 엉성한 과정을 축복하고 응원해 주기를.

    그러기 위해 아름답다. 라고 쓰고
    나답게, 라고, 읽어 주길 바란다.

    이것이 언젠가 반드시 찾을
    나를 위해 오늘 해야 할 일이기에.

나는 오늘도
어른이 되어가는 중

: 드디어 부모님에게 맡겨두었던 나를 찾아왔다. 이제야 비로소 나의 소유주는, 나다. 완벽한 소유주다. 오늘의 나는 나로서 살 수 있어 좋다. 이제 나는 어제 짠 계획으로 오늘을 살고, 오늘의 나로 살면서 설렘으로 내일을 계획한다.

아직은 뭐하나 내세울 건 없지만 내세우지 않아도 존재만으로 아름답다는 것에 괜찮고, 뽐내지 않아도 스스로 빛남에 자랑스럽고, 나를 모르는 누군가의 무시에도 당당하게 고개 들 수 있음에 여유롭고, 나를 향한 칼날 같은 말에도 주눅 들지 않음에 든든하고, 간혹 감정을 앞세워 아프고 상처받았다고 말해도 추하지 않음에 안심되고, 모모야에서 모모씨로 바뀐 새로운 호칭에 괜히 어깨가 으쓱 올라간다.

어른이 되었다는 벅찬 감정 하나로도.

된 적은 없지만 되어가는 중이라는 말에 심장이 쿵쿵 뛰고, 한 적은 없지만 하고 있다는 것에 기분 좋게 밤잠을 설치고, 또렷한 목표는 없지만, 언제고 세울 수 있다는 자신감에 피식 웃고, 이룬 적은 없지만 꿈꿀 수 있다는 것에 가슴이 터질 듯 부풀고, 가진 적 없지만, 원하는 게 있음에 용기가 나고, 누린 적 없지만 앞으로 나아질 것에 무지갯빛 희망을 품고 또다시 달리는 나는 오늘도,

어른이 되어가는 중!

Chapter 2

> 서른의 희망, 어른이 되면
> 괜찮을 줄 알았습니다

괜찮다고 말하면서도 괜찮지만은 않은
어른이 된 나에게

입신양명의
오라를 푼 새로운 해석

: 서른. 서른을 압박하는 많은 것 중에 사회적으로 이름을 떨치고 부를 축적하는 입신양명 즉, '성공'이 새겨져 있다면 너무 이른 욕심이라고 말해 주고 싶다. 나는 성공을 품기 전에 자신을 품어야 하고, 성공보다는 충족의 의미를 파고들어 나에게 삶의 가치를 깨닫게 해 주어야 한다고 나의 서른에게 말해 주고 싶다.

살면서 점점 크게 와닿는 것은, 나를 지켜주는 것은 남으로부터 얻은 것이 아닌, 나 스스로 온갖 발품으로 찾은 것과, 나의 가슴으로 깨달은 것, 그리고 내 손끝으로 옮긴 행동이었다. 몇 번이야 남이 주는 것과 내가 찾은 것이 똑같은 결괏값을 주는 것 같아도 멀리 보면 남에게 얻는 것은 오래 머물러주지 아니하고, 내가 얻은 것이 나를 돕는다는 것을 알게 될 것이다.

살면서 무엇을 하는가보다 무엇을 하고 싶은가, 에 집중한다면 훗날 내게 새겨지는 의미도 다르고, 한계를 뛰어넘는 자세도 남다르며, 다음을 기대하는 도전이 다르다는 것을 알게 된다. 뿐인가? 행여나 지금 당장 해내지 못 했다 해도 다음을 기약할 힘이 생기고, 나와 내가 맞닥뜨린 상황과 환경을 넘어가는 유연함도 달라진다.

한 줄도 쓰지 못하면 소설가라는 꿈은 부서지지만, 매일 한 줄이라도 쓰고 있다면 그것은 다가가는 중이며, 한 점도 그리지 못하는 화가를 희망으로 끝내고 싶지 않다면 내세울 만하지 않아도 나를 위해 그려야 한다. 해본 사람과 안 해본 사람은 분명 다를 것이다. 이겨 본 사람에게 고통이 다가오고, 하고자 하는 사람에게 고민이 다가오고, 승리한 사람에게 두려움이 찾아오고, 열심히 사는 사람에게 슬럼프가 찾아온다는 것을.

내 세계를 이루기 위해서는 극심한 고통의 몸 앓이를 하겠지만, 몸 앓이만큼 내 세계 또한 확장할 것이다. 무너져 버리고 나면 부서지고 없어지는 상념에 불과할 뿐, 나를 괴롭히는 무수한 고통과 고민과 두려움이 있다면 그걸로 나는 잘하고 있는 것이며, 나의 삶에 충분히 이기고 있고, 내 삶에 성공 중이다.

이제 우리가 알고 있던 입신과 양명은, 돈과 명예의 유형적인 성공이 아닌, 스스로의 가치와 의미로 다시 세우고, 눈에 보이고 손에 잡히고 배를 불리는 유형보다 더욱 선명한 무형의 자산이 나만의 삶으로 새겨 설령, 누구보다 성공할 자신은 없다 해도, 적어도 누구보다 행복한 사람이 될 수 있다는, 새로운 해석으로 나아가면 된다. 그게 서른에 할 일이다.

선택, 선택
그리고 또 선택

: 음식에 맛이 있듯 삶에도 맛이 있고 그중 선택의 맛은 먹어본 사람만이 아는 특별한 맛이다. 장 폴 샤르트르가 남긴 '인생은 B(Birth)와 D(Death) 사이에 있는 C(Choice)'라는 말처럼 우리는 태어나 죽을 때까지 선택의 길 가운데 놓인다. 선택이 없다는 것은 변화가 없다는 것이고, 변화가 없다는 건 삶에 잔류하고 표류하는 것이다. 지구상에 아무것도 아닌 일에 의미와 가치를 새기는 존재는 인간뿐이라고 했다. 그래서 우리는 삶이라는 여행지에서 내 삶을 설계하고 계획하고, 더 좋은 곳으로, 더 옳은 곳으로 더 미래지향적으로 나아가기 위해 수많은 선택을 반복하는지도 모른다.

사실 알고 보면 좋고 옳고 나은, 삶의 기준도 행복의 기준도 딱히 없다. 컵의 반쯤 담긴 물을 보고도 '반밖에'와 '반씩이나'로 나눠 말하는 것은 모두 나의 기준일 뿐, 정확히 말해서 물은 정도를 따질 필요없이 컵 속에 물이 있을 뿐이다. 그뿐인가? 삶은 앞에서 보면 살아가는 것이고, 뒤에서 보면 서서히 죽어가는 것으로 보인다. 어디에서 바라볼지, 그 또한 나에게 놓인 선택일 뿐이다.

선택에 고민하고 두려워하고 겁낼 필요가 없다. 돈도 명예도 다 부질없다는 노인의 말을 미리 받들어 서른이 가진 온갖 재미를 벌써부터 손사래 치며 마다하고 삶의 노화를 앞당길 필요는 더더욱 없다. 돈도 명예도 부질없음을 당연하다는 듯 말하는 노인도 서른에는 그것을 위해 목숨을 걸고 선택해 매달렸을지 모르고, 그것으로 즐기고 누리고 보니, 그제야 그보다 더 좋은 게 있다는 말을 선택한 것을, 서른, 삶의 깨우침으로 가져가지 않아도 된다.

선택이 많다는 것은 삶을 좀 더 재미있게 사는 것이다. 크고 작은 재미있는 서른의 선택으로 서른, 충분히 삶을 입체적으로 살아도 된다. 그리고 선택을 많이 해본 사람은 안다, 그 선택은 자장면 먹을까 짬뽕 먹을까, 정도일 뿐, 그 많은 선택이 우리의 삶을 크게 뒤흔들거나, 바꿔 놓거나, 치명타를 입히지 않는다는 것을. 그저 자장면과 짬뽕, 두 개 중에 고민이 된다면 오늘은 짬뽕, 내일은 자장면으로 선택의 기회를 두 개로 늘리고 두 배로 누리면 그만이다.

겨우 서른. 삶을 부질 없다고 말하기엔 삶은 눈부시도록 아름답고, 삶을 내려놓아야 한다고 말하기엔 잡아본 적 없는 삶이다. 그러니 선택과 선택의 징검다리를 충분히 건너고 또 건너가면 그만이다.

서른인데? VS 서른이 뭐?

: 흔들릴 이유가 없다. 누군가의 말에 흔들린다면 나의 삶을 포기하고 누군가의 삶을 쫓아가야 한다. 설사 삶이 숨이 벅차고 살을 베일 정도로 찬 바람이 분다 해도 나의 삶의 길은 오롯하게 내가 가진 내 몫이기에 내 숨으로 내 힘으로 걸어야 한다. 삶은 철인경기가 아니라 사는 것이기에 방향과 속도, 등수도 따져 묻지 않아도 된다. 얼마든지 방향을 바꿀 자유도, 속도를 조절할 권리도 나에게 있고, 등수와 상관없이 수많은 길이 펼쳐져 있다.

나의 서른, 뻔뻔하기로 마음먹었다. 내가 누구인지 알아가는 스물, 내가 좋아하는 것을 찾아가는 서른. 안정과 안녕을 위해 하기 싫은 일을 천직으로 삼고 나 자신을 소비하고 싶지 않다. 열심이라는 말에 내가 소모되고, 최선이라는 말로 영혼을 녹이는 일은 하지 말기로 한다. 서른이 지나고 그리워하는 어느 나이에, 나의 서른을 떠올리며 원망하거나 그리워하기보다는 지금, 조금 뻔뻔하게 나와 연결된 세계를 만들고 싶다. 공장의 벽돌 찍어내듯 하루를 찍어내고, 남의 마음에 들기 위한 남을 위한 서른을 보내는 것에 전력을 다해 나를 쓰고 싶지 않다. 또한 타인에게 나의 삶을 맡기지도, 내 삶을 후회로 몰아세우고 싶지 않다. 아직 서른이니까.

살다 보면 사노라면 살려면, 잘하고 있는 건지 잘살고 있는 건지, 하루에도 열두 번씩 나를 향한 의심이 빼꼼 고개를 들 것이다. 당연히 두렵고 무섭고, 삶을 둘러싼 부정 패키지가 나를 덮쳐 무게를 감당하기 어려울 것이다. 좋은 일에는 나만 빠졌고, 나쁜 일에는 내가 꼭 있다는 사실에 삶에 자괴감도 들 것이다. 하지만 뭐, 아직 서른인데 뭐?

멈춰 생각해도 되고, 걸으면서 생각해도 좋다. 나 외에는 잘하고 있다는 응원을 해 주는 사람도 없어도, 잘

될 거라 격려를 보내는 사람도 없어도, 괜찮다는 위안을 보내는 사람이 없어도 충분히 견딜 수 있다. 나를 충분히 알아가는 시간, 서른이니까. 나와 싸운 스물이 좋았던 만큼 나와 만나 대화하기에 딱 좋은 나이, 서른이다.

남을 속이려다
나만 속은, 오늘

      : 내가 본 잘난 사람은 못난 짓 잘난 짓 가리지 않고 저 좋은 짓을 하고, 잘났다고 말하는 사람은 잘나지 않은 것을 잘남으로 포장하여 체, 하며 산다. 내가 본 솔직한 사람은 나와 타인, 타인과 나에게 닿는 말을 먼저 생각하여 넓은 언어로 말하고, 솔직하다고 말하는 사람은 오직 자신만 생각하는 말을 한다. 내가 본 약속을 잘 지키는 사람은 늦을 때 미리 양해를 구하고, 약속을 무시하는 사람은 '약속은 깨지라고 있는 법!'이라며 해괴한 법칙을 운운하고 끌어들인다.

내가 본 말을 잘하는 사람은 나와 타인의 소통을 위한 말을 하고, 수다스러운 사람은 본인이 하고 싶은 말만 한다. 내가 들은 좋은 노래는 알맞은 목소리로 두런두런 이야기 나누듯 입으로 흘려보내고, 잘 부른다고 자랑하는 이는 가사의 의미를 버리고 도망치듯 기교 속에 숨는다.

사실, 눈치 볼 것 없는데. 남을 속이려다 나만 속는데. 편하게 살면 되는데. 그런다고 남이 잘 봐줄 것도 아니고, 그런 잘 봐줌, 순간이고 별거 아닌데. 내 것이 아닌 것이 나를 돕지 않고, 남으로 얻은 것은 금방 깨질 싸구려 유리컵 같은 것인데. 그런다고 세상이 내 편 돼주지 않는데. 그것에 목매봤자 부질없고 허무한데. 이렇게 애쓰지 않고 잘나지 않아도 솔직할 수 있는데. 남을 속이려다 나만 속은 오늘 속에 덩그러니 나 혼자만 남겨,
…, 졌다!

처음으로 물은
나의 첫 안부

: 목차를 짜두고도 내 모든 글에서 가장 마지막에 쓴 글이 이 글이다. 지우고 쓰고 또 지우고 또 또 쓰고. 또다시 지운다. 그러다 다시 살려낸 것은, 글의 마지막에서라도 꼭 써야겠다는 의지가 살렸다. 그런데도 머뭇머뭇. 망설여진다. 나의 아버지 이야기이므로.

나의 서른. 더하기도 빼기도 없이 내 나이 서른에 나의 아버지가 돌아가셨다. 나의 세상이자 나의 전부인 나의 아버지. 또…… 불러 보기도 전에 눈물부터 불쑥 올라와 어김없이 세상을 가린다. 이 글을 다 쓸 수 있을까…… 손가락 끝이 떨린다.

나는 내 아버지에게 세상을 배웠다. 삼 남매의 둘째. 이리 치이고 저리 치이면서도 내주장 한번 낸 적 없는 무지렁이 딸내미. 자랑할 일이 하도 없어 나를 지운 우리 집엔 자녀가 둘인 줄만 아는 사람도 많았다. 나는 돌멩이였다. 개울의 작은 물살에도 이리저리 구르고, 바위틈에 낀 어느 날은 꼼짝없이 갇히고, 누군가 와서 휙 물속으로 던져버리면 겨우 퐁당, 작은 소리를 내며 수면 아래로 곧장 숨죽이며 가라앉는 작은 돌멩이.

그런 나를 아버지는 세상을 구석구석 알려주셨고, 나는 더듬더듬 배웠다. 늘 시간이 날 때면, 아니 시간을 내서라도 차에 태우고 많은 이야길 해 주셨다. 어느 땐 집에 가는 길을 빙 돌아서. 볼일이 있으신가보다, 했는데 아버지가 떠나고 나서야 알았다. 나에게 더 많은 이야기를 해 주시려 곧은 길을 두고서 먼 길을 돌아가신 것을. 그렇게 나에게 세상을 배우는 시간을 베풀어 주셨다는 것을.

그런 아버지가 너무도 갑자기 세상을 떠나셨고, 나는 장례식장에서 내내 잠이 들었다. 누군가는 커다란 충격을 받아 순간적으로 해리성 장애가 왔었다고 하는데 나는 내내 잔 기억보다 울었던 기억만 있다. 장례식이 끝나고 한참 뒤, 고인이 되신 아버지의 옷과 소지품을 태우던 날 나는, '이걸 어떻게 태워. 지워지잖아 그럼…' 울음에 묻혀 누구에게도 닿지 않는 소리를 웅얼대면서 끝내 태우지 못하게 막았던 기억이 난다. 나는 아버지의 죽음을 10년이 넘도록 받아들일 수 없었고, 누군가 아버지에 대해서 물어오면 다른 말로 화제를 돌렸다.

내가 나에게 물은 첫 안부는, 아버지를 떠나보내고 많은 시간이 흐른 뒤 내 아버지가 잠들어 계신 납골당 앞, 어느 서른 때였다. 무지렁이라는 말 대신 가능성이라고 일러주시고, 넌 나의 자랑이란다, 라고 말씀하신 내 아버지에게. 살아계실 때 못다 한 말을 아버지께서 영면에 드시고서야 비로소 꺼냈다. 끝내 눈물이 방해해서 마음먹은 말을 선명하게 전하지는 못했지만, 나를 걱정하실 아버지를 위해,

　　무지렁이라 힘없이 흔들리고 주저앉을지라도,

끝내는 작지만 단단한 돌멩이로,

나의 모습 그대로 힘겹게나마 바로 서보겠다고.

나는 그날의 나에게 묻는 첫 안부를 시작으로

비로소 나를 만났다.

위치를 바꾸고 보니
살아나는 섬세한 감각

: 왜 그랬는지는 모르겠지만 거슬러 올라가 생각해 보면 꼬마 시절부터 눈치를 보는 일이 다반사였다. 나이가 들면서도 남에게 들키지 않았다 뿐이지, 그 버릇은 여전했다. 정말 '세 살 버릇 여든까지 가면 어쩌나?' 왈칵 이런 생각이 덮치자 왠지 모를 서글픔이 밀려왔고, 이렇게 타인과의 관계에서 긴장감 속에서 살아야 한다고 생각하니 숨이 막혀, 어떻게든 여기에서 벗어나야 한다고 생각하니 되레 강박으로 사람을 피하게 되었다. 남들이 말하기를 시간이 해결해 준다는데, 나에게 눈치만큼은 시간도 약이 되지 못했다.

어느 날은 문득 억울한 감정이 밀려왔다. '내가 왜 눈치를 봐야 해?' 나는 상상으로나마 나에게 눈치를 줬던, 내가 눈치를 봤던 사람들 한 명 한 명을 찾아가 '왜 나에게 눈치를 줬냐!'며 물어 따졌다. 그런데 돌아온 답은 '내가? 언제? 너 너무 예민한 거 아냐?'였다. 맞다. 눈치는 내가 봤지, 그들이 준 게 아니었기에. 아마도 눈치를 보는 순간에도 알았을 것이다. 서른. 나는 비로소 눈치의 늪에 빠진 나를 빼내기로 마음먹었다. 너무도 간단해서 시시하겠지만 말의 의미를 수정하는 방법을 써보기로 했다.

'예민함을 섬세함으로, 눈치를 감각으로'. 단어의 의미를 살짝 수정만 했을 뿐인데 내 안에서 아물지 않을 것 같던 감정에 새살이 돋았고, 수명이 다해 꺼진 줄 알았던 삶의 불빛이 환하게 켜졌다. 작은 단어 수정으로 다시 태어나다니… 나의 서른 어디쯤에서 내가 받은 감사한 선물이다.

시간이 흘러 나를 돌아볼 때 나의 서른은 나를 만나기 위해 집 안 가구를 여기저기로 옮기고, 고장 난 곳이 있으면 고치고, 바닥에 두꺼운 종이를 덧대 균형을 맞춰가며 마음 대청소를 무던히도 많이 했던 시절이다. 그렇다고 한 번 옮겼다고 그 자리를 붙박이로 놔두지 않았다. 고치고 옮겨보다가 정 안 되면 이사를 감행하기도 하였다. 나에게 꼭 필요한 시간이었다.

서른. 그것을 알게 해 준 나이. 나를 수 없이 찌르는 감정과 맞서고, 그것보다 더 많은 시선과 홀로 싸운 서른. 지금에 와 나에게 눈치로 아팠던 스물도 괜찮지만, 여기저기 위치를 바꿔 얻은 섬세한 감각으로 다시 태어난 서른은 더 괜찮다.

돌아보지마 그게 뭐든,
걱정하지마 그게 뭐라도

: 돌아보지 않아도 될 일이다. 걱정하지 않아도 될 일이다. 나 너 우리, 모두 다 모르는 것이 인생이다. 옹이가 가득 베인 상처를 안고 태어났대도, 삶이 무수히 공격하듯 너를 덮쳤대도, 몸의 구석구석 아프고 시린 상흔으로 가득하다 해도 너는 오늘을 살 권리가 있고, 그럴만한 가치가 충분히 있다.

더는 돌아보지마라. 너의 아픔이 어제의 시림을 기억할 테니. 어느 흉터가 그날의 시간과 초 하나하나를 뒤적거리며 너에게 잔인했던 그때의 냄새와 피부에 닿았던 촉감을 일으켜 세울 테니. 아픔을 애써 지우려고도 하지 마라. 지우면 지우려 할수록 씻기지 않는 흙탕물 범벅인 자신을 기억하며 오늘의 작은 숨마저 죽일 테니. 작은 아가보다도 더 작은 폐로 견디고 견딘 너에게 뒤를 돌아보며 오늘을 사는 너를 아프게 하지 마라.

이제 걱정하지마라. 싸우고 싸워 어제를 끝끝내 버텨 오늘을 얻은 너이니 걱정하지마라. 명치가 조여오는 슬픔을 견디고 오늘에 서 있는 너는 그럴만한 자격이 있다. 절름발이가 된 다리로 절뚝일지언정 결코 너를 버리지 않았고, 너의 몸뚱이를 끌고 오늘에 온 너는 그 이상의 가치가 있다. 너를 포기하지 않고 칠흑 같은 어둠과 칼날 같은 바람과 싸워 오늘에 온 너는 충분한 자격이 있다. 네 눈에 뿌려졌을 그 많은 눈물을 오늘의 웃음으로 바꾼 너는 하루하루를 축제처럼 살아도 되고 그렇게 살아야 한다. 그래도 된다.

살아내느라 너의 깨지고 부서진 삶의 모서리가, 사느라 어긋난 너의 흠집이, 살겠노라 오랫동안 방치하여 갈라지고 닳아 해진 너의 상처가 낫기를 오늘도 기도할 테니 돌아보지도 말고 걱정하지도 말아라, 그게 뭐든 그게 뭐라도.

배부른
소크라테스

: 새벽보다 먼저 일어나는 걱정으로 눈을 뜨고, 밤보다 더 어두운 근심으로 눈을 감는다. 시작이 언제인지 모르겠지만 언제부터인가 이 지경 속에 파묻혀 산다. 무한의 시간을 걱정과 근심으로 체력을 소비하고 낭비하고 죽이고 있다. 구시렁대면서도 멈추는 법을 모르는 쳇바퀴 속 다람쥐 같은 서른을 보낸다. 얼마 전 찍어 올린 SNS 속에서 환하게 웃고 있는 나를 무표정하게 보는 나. 삭제 버튼 위로 손가락이 갈팡질팡한다. 지우자니 꼴 좋다!, 남기자니 꼬락서니 하고는! 아무도 없는데 허공에 부유하는 수북한 소리가 내 귀에 대고 조롱한다. 이래저래 내 꼴만 이상해진다.

열심과 최선으로 살았는데 세상에게 배신당한 느낌이다.

이 기분, 너도 한번 당해 봐라! 세상에 멋들어지게 돌려주고 싶은데 맞상대도 없고, 기회조차 주지 않는다. 여전히 생활의 기본 뿌리, 의식주나 걱정하는 서른이라니.

배고픈 소크라테스와 배부른 돼지 사이에서 우성 인자만 모아 배부른 소크라테스가 되고 싶다. 하고 싶은 일이 할 수 있는 일에 무릎 꿇지 않도록. 썩 괜찮은 가치관을 첨탑처럼 세우고, 신념으로 채워진 당당한 삶을 살 수 있기를. 걱정이 나의 새벽이 되고, 어두운 근심이 나의 밤이 되지 않기를.

아, 진정 배부른 소크라테스로 살고 싶다.

일기예보처럼
마음예보가 있다면 좋겠다

: '어제의 비는 걷히고 오늘은 하루 종일 말갛게 갠 하늘을 보실 수 있습니다' 기상캐스터가 알리는 일기예보처럼 마음예보도 있음, 좋겠다. 아침 최저 기온과 낮 최고기온처럼 마음의 온도도 척척 알려주고, 강수량을 말해 주듯 내가 흘릴 눈물의 양을 미리 알려주고, 풍속으로 오늘 내가 흔들리고 넘어지는 것을 미리 알려줬으면 좋겠다. 그럼, 마음의 우산을 챙길지, 양산을 챙길지 대비할 텐데.

더는 마음을 쓰지 않겠다고, 그래서 더는 감정을 낭비하지 않겠다고 다짐하지만, 그런데도 마치 낭비벽이 있는 사람처럼 오늘도 마음을 소비하고 감정을 몽땅 낭비해 버렸다. 책으로 따지면 어느 마을도서관의 책 높이 못잖을 것 같다. 설마, 하며 나갔다가 돌아오는 길에 역시나, 로 끝나버린 오늘. 상처를 허락하고 후회를 적립해 버린 마음에 오늘도 강도 높은 지진이 일어났다. 무너질 일도 아닌 것에 쉽게 무너지고, 흔들릴 일도 아닌데 너무도 쉽게 흔들리는 내 마음 때문에.

아! 제발, 대비라도 할 수 있도록 일기예보처럼 마음예보를 전해주는 앱이 나왔으면 좋겠다.

버티는 게 이기는 거고
즐기는 게 승자라는 말

: 언젠가부터 버틴다는 단어가 심심치 않게 등장했다. 삶을 쓸어버릴 것만 같은 파도에서 나를 구해 낼 유일한 탈출구이자 숨구멍이 돼준 말, 버티기. 얼마 전부터 나도 이 말을 믿고 가기로 했다. 이 말이 없었다면 나도 없다. 오늘만 버티자! 그럼 어김없이 내일이 올 거고, 그 내일을 또 오늘처럼만 버티면 될 거야! 그러다 우뚝. 가만, 이렇게 버티기만 하다가 죽는 거 아냐?는 생각이 밀고 들어왔다.

젊음이라 쓰고 청춘으로 불리기에는 나의 푸른 빛은 삶의 길 위에서 너무도 일찍 꺼져버렸다. 시린 상황과 맞서느라, 아픈 감정과 싸우느라. 괜찮다, 괜찮다…, 괜찮아질 것이다. 밑도 끝도 없이 근거 없는 위로로 스스로 달래야 했다. 스물에 피어난 푸른빛 바통을 잘 받아 서른, 만년 봄을 누릴 줄 알았건만. 여전히 불그스레한 멍을 가득 안고 삶의 다리를 절뚝이며 건너는 중이다. 덜컥, 겁이 닥친다. 대단한 걸 이루려 욕심을 부리는 것도, 거창한 걸 원하는 것도 아닌, 그저 나답게 살고 싶다는 외치는 건데. 그마저 가차 없이 외면당하듯, 열 번을 참고 백번을 참았다가 힘겹게 뱉고만 아프다는 말에, 엄살 부리지 말라는 화살이 곧장 날아든다. 그래서 이를 바득 갈며 이 말을 되뇐다. 버티자, 버텨라, 버텨야 이긴다.

우뚝, 가만. 그래서 젊은이에게 젊음을 주었나 보다. 삶의 초행길. 길도 방향도 속도도 모르는 무지렁이이기에. 처음부터 이길 수 없는 싸움, 얼마나 무지하게 덤비고 무모하게 싸우는지 비식대며 관전하기 위해. 젊음을 무기로 손에 꼭 쥐고 어디 한번 맞서보라고. 격투장에 내동댕이쳐진 나에게 삶이 도전하라고 손가락을 까딱여 싸움을 건다.

이판사판. 방법도 요령도 없지만 달려들고야 말겠다. 결국 살아내면 그만이고 살고 나면 젊음은 가고 없겠지만 또 다른 나로서 다른 삶을 살 수 있을 테니. 그날, 나는 버틴다는 말에 즐긴다는 단어 하나를 더할 수 있으리라. 꼭 그렇게 될 것에 나를 믿고 한번 해 보지 뭐, 다짐한다. 결국 '버티는 게 이기는 거고, 즐기는 게 승자'를 믿고 일단 가 보기로 한다, 일단!

위로도 연민도 없이
침묵하는 시간

　　　　　　　　: 어제 존재했던 밤과 낮은 한 치의 어긋남 없이 오늘과 이어지겠지만, 어제의 밤과 낮에 일어났던 모든 일은 날마다 새로이 일어난다. 달력에 새겨진 1월부터 12월. 짧으면 28일, 길면 31일을 품고 봄 여름 가을 겨울 계절과 함께 나와 네가 쓰고, 그리고, 노래한 것은 해마다 다르고, 달마다 다르고, 어느 한 날 같은 날 없이 다가오고 머무르는데도 그 속도 모르고 그저 흘려보낸다.

날마다 태어나는 시간은 다른 얼굴, 다른 표정, 다른 목소리로 매번 새로운 이야기를 들려주고 있건만 겹겹으로 둘러싼 삶의 아름다운 결이 아닌 삶의 투박한 겉을 보는 나와 너는 어제와 오늘이 똑같다고 외면하고, 어제와 반복

되는 오늘이라고 차단하며 매일 생명을 달리하며 유유히 흐르고 있는데도 보지 못하고 지나친다.

나와 너의 충족은 결코 시간이 주지 않고, 새로움도 시간이 만들지 못한다. 온전히 나와 너에게 맡길 뿐, 생의 끝까지 고요한 침묵으로 나와 너를 만나고 무거운 침묵 속에서 헤어질 뿐, 그 어떤 위로나 연민을 품지 않는다. 어제와 같은 오늘을 살았다면 나와 너는 죽은 몸뚱이로 시간에 매달려 질질 끌려갔을 뿐, 나와 너는 아무것도 하지 않았다.

결코, 세상은 나와 너에게 무엇을 해야 한다고 일러 주지도, 말하지도 않으니 서른, 이제는 너와 내가 시간 앞에 나설 때이다.

열심으로 살고
최선으로 산 결괏값

: 놀라지 마라. 갑자기 무기력이 찾아왔다면 그건 나의 몸이 오늘에 쉼표를 찍어준 것이니 담대하게 받아들이고 쉬게 해 주면 된다. 아무리 좋아서 하는 일도 처음 몇 번만 좋지, 행복이 무한으로 연결되고 이어지지 않고, 그것으로 돈을 벌거나 이름이 알려지면 없던 괴로움과 고통, 고민이 자연스럽고도 당당하게 찾아와 한때 미치도록 좋아하는 일이었대도 이별을 떠올리게 된다. 그건 마음이 약해서도 아니고 루저도 유리멘탈 탓도 아닌, 그저 온 몸을 던져 열심히, 진심으로, 최선을 다한 나의 결괏값이다.

어느 문구, 편의점, 마트, 백화점, 쇼핑몰, 아무 곳을 불쑥 들어가도 나 좀 골라달라며, 하물며 생명 없는 것도 선택의 손을 위해 형형색색의 옷을 입고 아우성치는데, 그것을 창조하는 나는 삶에 선택받기 위해 얼마를 애닳도록 애를 썼겠는가. 그러니 지금까지 달리고 달렸을 나라는 걸 누군가 알아주지 않아도, 스스로 잘 알 테니 몇 시간의 쪽잠으로 때우려 말고 충분한 쉼표 끝에 기지개를 켜고 일어날 때까지 기꺼이 시간을 내주길 바란다.

어제를 돌아보고 내일에 고개를 내미는 동안 오늘과 지금을 놓치고 잃는 일이 더욱 많아지기 전에, 입으로는 힘들어 죽겠다고 외치면서 혹사하는 몸 마음을 외면하여 끝내는 내가 나를 참아주지 못하고 반란을 일으키기 전에, 적어도 하루에 한 번 잊지 않고 충전시켜 주는 핸드폰보다 값지고 소중한 나에게 그보다 더한 충전의 시간을 주어야 하지 않을까?

누군가에게
꽃도 잡초도 아닌, 나

: 누군가 나의 안부를 묻지 않아도 빛으로 눈 뜬 오늘 아침, 나는 나에게 안부를 물어봐 줄 내가 되어야 한다. 이불을 걷고 밖으로 나오는 순간, 저 산에서 이 산으로 빠져나온 굵다란 뿌리처럼 단단하게, 거센 파도에 쓸려가면서도 아픔을 침묵하는 돌멩이처럼 묵묵하게, 자궁의 어둠을 뚫고 세상을 나올 때처럼 힘차게 살아야 할 나이기에, 내가 나에게, 나에게 내가, 아침의 첫 안부를 물어주는 이가 되어야 한다.

누군가에게 꽃이 된다고 기뻐하지도, 잡초가 된다고 노여워하지 않아도 된다. 나는 처음의 그것으로 존재하지, 꽃도 잡초도 아니기에. 그저 하염없이 떠도는 바람에 피어 꽃이 되고, 지어 잡초가 되어, 하루에도 몇 번이고 피고 지고, 피고 지지 않아도 된다. 결코 사람의 입술로 분 바람으로는 어디에도 피지 못하고, 머물지 못하며, 작고 작은 먼지도 태울 수 없기에 다른 이의 입으로는 꽃으로 피어나길 바라지 말고, 숨을 다해버린 잡초가 되어 시들지 않길 바란다.

나의 밖을 아는 사람은 있대도, 나의 안을 들어 온 사람은, 오직 나뿐이기에 누군가의 안부를 기다려 목을 빼지 말고 내가 나에게 안녕을 살피는 일을 먼저 하기를 바란다. 그리하여 내가 나에게 안온한 삶을 선물하기를, 그리하여 나와 내가 하나의 결로 만나기를.

누가 좀 말해 줄래,
나 괜찮다고

너의 10년 후인 내가 말해 줄게.
:
:
너 참 괜찮아.

서른의 희망, 어른이 되면 괜찮을 줄 알았습니다

괜찮다고 하면
괜찮아지는, 마법

: 최고의 복수가 잘 사는 것이라 말하지만 나의 최고의 복수는, 복수심이 없는 것이 최고의 복수다. 무심코 던진 돌에 맞아 죽는 개구리가 되고 싶지 않았고, 돌을 피할 수 없다면 돌을 맞아도 끄떡없는 내면의 힘을 기르고 싶었다. 그런 적이 있기에. 그런 날이 많았기에.

숨이 막혀 죽을 것 같은 그때, 그래서 절대 안 잊을 그 미움의 불덩이로 나를 태우며 반드시, 기필코, 적어도 너보단 잘살겠다!, 아랫입술이 저리도록 물며 다짐했었지만, 막상 그 시간을 벗어나고 보니, 그 사람도, 그 상황도, 굳건할 것만 같았던 다짐까지 힘없이 무너지고 없는 자리에 누군가를 미워하는 기술과 입술 흉터만 잔해처럼 남았다.

나에게 일어난 대개의 복수를 품은 분노는 나의 자격지심에서 나온 것을 느낀 어느 날부터 누군가 던진 말 한마디, 행동 하나에 의미를 두거나, 그것으로 나를 찌르고 때리고 괴롭히는 분노를 끌어안고 한 몸이 되어 사는 미련한 짓은 그만두기로 했다.

괜찮다고 하면 괜찮아지는 것이 있고, 그 괜찮음이 나의 단단함과 유연함으로 나를 더 괜찮게 만드는 게 있다. 어느 한때는 아랫입술이 저릿해 올 정도로 아프고 고통스러운 상처와 얼룩진 분노가 삶의 원동력이 되어 어느 한 순간, 나를 지키고 성장시켰을지 모르지만, 어느 한때 느꼈을 분노의 감정으로 모든 에너지를 끌어 쓰는 원동력이 되었고 그것으로 어느 정도의 성공을 거뒀다 해도, 멀리 보면 결코 미움과 분노의 뿌리로는 나를 지켜낼 온전한 그루터기가 되어 주지도, 나를 안아 줄 따스한 온도가 안 된다. 다루고 사용하는 용도에 따라 칼의 의미가 달라지듯, 미움과 분노가 삶의 변곡점이 아닌 상처의 관성으로 내 안에서 뿌리내린다면 결국 나의 내면에 미움의 습관과 분노의 습성만을 심고 배양하는 것이나 다름없으니, 나를 해하는 미움과 분노의 감정을 키우는 것은 멈춰야 한다.

살면서 나를 괴롭히는 것은 그 누구보다도 나 자신일 때가 무던히도 많음으로. 결국 타인이 던진 쓰레기를 주운 대가로 나 자신을 끊임없이 괴롭히고 아프게 함으로.

서른, 이제는 그것을 놔주고 흘려보내어, 괜찮다고 하면 괜찮아지는 마법에 빠져 보갈 권한다. 그리하여 한때 마음을 뚫고 들어 온 총알 덕분으로 마음을 다치지 않을 준비할 수 있었고, 그 사람보다 잘 살겠다는 다짐으로 게으름을 피할 수 있었고, 절대 잊지 않겠다고 돌아선 마음을 세상으로 돌리는 동안 마음을 조각하는 시간을 가졌노라, 진짜로 괜찮아져 온화하게 웃을 수 있는 마법에 빠지기에 서른, 딱 좋은 나이다.

Chapter 3

마흔의 설렘, 어른이 되면
웃을 줄 알았습니다

이제야 조금씩, 작지만 비로소
어른이 된 나에게

마흔까지
살아있다고?

: 어린 시절, 마흔은 나의 엄마보다 많은 나이였고, 십 대, 마흔은 나의 엄마 나이였고, 이십 대, 마흔은 나에게 아줌마였다. 그런 내가 마흔이 되었다.

마흔의 어느 날, 소실점으로 멀어진 기억이 벼락처럼 내 앞으로 다가왔다. '마흔? 난 죽을 거야' 마흔이 나에게 각인이 된 것은 내 삶에 점으로 남은, 얼굴도 흐릿해진 여자아이의 말 때문이었다. 내 삶의 앞에도 뒤에도 없이 점 하나를 찍고 간 여자아이일 뿐인데 너무도 카랑한 목소리 때문인지 불쑥 들어온 날카로운 말 때문인지, 기억에서 똬리를 틀었던 카랑한 목소리로 날카롭게 말하는 여자아이가 나의 마흔에 느닷없이 튀어나왔다.
이유는 모르겠지만 마흔이 너무 멀었던 그 순간에는 여자아이의 말을 이해했었고, 마흔의 삶을 어떻게 그려야 하는지 점하나, 선하나를 그릴 수 없던 그때, 여자아이가 내린 마흔의 심정지를 나도 암묵적으로 동의했었다. 하지만 시간이 여자아이를 데리고 소실점으로 멀어지는 동안 나는 스물의 징검다리를 건너, 서른의 긴 다리를 지나, 어느덧 마흔에 도착해 점을 찍고 선을 이어, 새로운 삶의 형태를 그려 나가고 있다.

문득 "어느 나이는 준비가 되어 맞이했던가?" 불쑥 들어온 자문에 픽, 작은 웃음으로 자답한다. 기억 너머의 그 카랑한 목소리의 여자아이도 그럴 것이다. 그땐 마흔이 서로에게 멀고도 멀었기에, 너무도 멀리 있던 마흔의 삶을 그릴 재능이 없었던 그때였기에, 마흔이 윤슬보다 빛나는 나이임을 그때는 미처 몰랐을 것이다.

앞모습보다
신경 쓰이는 뒷모습

: 원인도 없이, 이유도 없이, 시간을 지키는 예의도 없이, 갑작스럽게 사람이 나타나고, 원인, 이유, 예의가 없어도 누군가에게 마음이 열릴 수 있다는 걸 사람에게 배운다. 사람을 향한 감정은 어느 하나의 이유를 제대로 갖추지 않아도 어느 날, 갑자기, 불쑥, 내 안으로 들어올 수도 있고, 반대로 마음을 닫고 나갈 수도 있다. 그렇게 많은 사람과 이유 없는 인연을 시작으로 시간을 쌓고, 쌓인 시간으로 인연의 이유를 만들어 가지만, 살면서 자꾸만 뒷모습이 신경 쓰인다.

모든 인연의 앞모습이 상냥하다고 해서 모든 인연의 뒷모습까지 상냥한 것은 아니다. 모든 인연의 시작은 미소로 시작하지만, 그 끝에는 날 선 눈과 칼날을 품은 말을 뱉을 수 있기에, 쌓았던 인연이 점점 사라지고 쌓을 수 있는 인연을 점점 막아 세운다. 내심, 처음이 좋았다면 마지막 뒷모습도 해피엔딩이길 바라는 마음이 커지고 어느새 앞모습보다도 더 뒷모습이 자꾸만 쓰이는 마흔이다.

마흔의 어느날, 손거울로 얼굴만 보던 내가 전신 거울을 샀다. 나의 앞 매무새를 살피고 돌아서서 나의 뒷모습을 보려고. 앞과 뒤, 이를 합친 것이 온전한 나 이고 싶어서.

도둑맞은 게 아니라
저축한 시간

: 어떤 기억은 또렷하게 남고, 어떤 기억은 희미해지고, 어떤 기억은 처음부터 없었다는 듯 완벽하게 지워진 기억이 있다. 기억은 가로등과 같아서 빛이 닿는 곳은 존재하고 빛을 잃은 곳은 어둠으로 사라진다. 어쩌다가 만난 지인의 입에서 그거 생각 안 나?, 라는 말이 반갑지 않을 때가 있다. 당연히 기억하는 지인과 달리 까맣게 잊어버려 미안하다는 말로 넘어가려다, 어떻게 그걸 잊을 수가 있어?, 라는 말에는 민망함이 밀려온다. 기억이 안 나는 나로서는 지인의 말이 생게망게하게 들리지만, 나와의 기억을 또렷하게 새긴 지인은 얼마나 서운할지 싶어서 그럴 때면, 미안해 정신이 없어서, 라는 말로 급하게 마무리해 버리고 만다.

이런 일이 다반사로 있을 때를 곰곰 생각해 보면, 그때는 정신없이 바쁜 시기거나 마음을 뺏길 정도로 고민이 깊은 시기일 때다. 바쁨과 고민, 둘 다 사람을 만나기에는 예의를 갖추지 못한 시간이지만 그래도 잠깐의 만남으로 지인도 나도 마음을 달래지 싶어 시간을 내보려 하지만 결국 서툰 생각으로 좋았던 기억마저 지키지도 못한 채 조각내 버리기 일쑤였다.

기억이 가로등과 같다면 시절의 화두와 목표가 빛이 된다.

엄마 아빠가 삶의 전부이고 우주였던 어린 시절, 친구 때문에 웃고 울었던 앳된 시절, 인생의 꿈을 꾸는 스물을 지나, 서른에 다양한 도전을 하고, 삶의 성취를 위해 마흔을 달리고 달리다 보면 그 시절 목표를 비추느라 주변은 사라지고, 잠시 어둠으로 밀려나기도 한다. 빛도 어둠도 내 안에 존재하는 한, 모든 것은 내 삶의 자산이다. 하지만 때로는 어느 것을 잊었는가 보다, 어느 것을 기억하느냐가 더 중요할 때가 있다. 그렇다면 그것은 시간을 도둑맞은 것이 아니라, 시간을 저축한 것이다.

거절을 배우고 나서야
알게 된 배려

: 거절을 몰랐을 때는 거절하지 않는 것이 배려인 줄 알았다. 누가 가르쳤는지, 누구에게 배운 것인지는 모르겠지만, 언제부터인가 거절의 의미를 예의가 없다는 의미로 고정핀을 꽂고 출발하다 보니 점점 거절에 무르고 배려를 가리지 못하는 사람이 되었다.

사실 거절과 배려는 얼핏 한 끗 차이일 것 같지만, 알고 보면 하늘과 땅 차이라고 지금이라도 말하고 싶다. 상대를 위하고 나를 살리려면 거절하는 법을 배우라고. 나를 버리고 상대를 위하는 마음은 없기에, 거절하지 못하고 상대의 요구를 들어주었을 때 만일 조금의 원망이 생긴다면 그건 배려가 아니라고. 부탁이 상대의 자유라면 거절은 내가 가진 권리이고, 상대에게 그럴만한 사연이 있듯이 나도 그럴만한 사정이 있다는 나의 마음을 먼저 헤아려 보라고.

거절을 상황으로 읽고 배려를 마음으로 이해할 때, 거절로 상대에게 미안한 마음이 사라지고, 자신에게 강요하는 거절에서 빠져나올 수 있다.

돈을 빌려주는 것과 조건 없이 주는 것은 다르다. 빌려주면 그날부터 상대가 갚을 날을 기다리지만, 조건을 달지 않고 주면 덕을 베푼 것으로 모든 게 끝난다. 기어이 거절이 부담스럽고 사는 내내 죄책감이 생기겠거든 살신성인하고 봉사의 마음을 키운 후에, 거절을 지운 자리에 배려로 덮어쓰기가 가능했을 때 시작해도 괜찮다.

마흔이 되고서야
목젓을 드러낸 웃음

: 그것도 생각지도 못한 어느 날 문득. 잘살고 있다는 위로조차 와르르 무너뜨릴 만큼, 지나간 시간이 초라한 모습으로 나를 찾아올 때가 있다. 만나는 사람에 따라 하루에도 몇 번이고 고양이가 되었다가 범이 되었던 그 어느 시절. 나는 굳어버린 입술 위에 빨간 칠로 웃음 문신을 한 조커의 삶을, 열심히 사는 것으로 착각했었다. 분명 살기 위한 몸부림이었을 것이다. 박수를 더 하며 타인의 흥을 맞췄던 박장대소도, 굴욕을 꾹 참고 바득 갈리는 이를 숨기고 지었던 미소도, 가끔은 난도질당한 훼손된 영혼을 안주머니에 꼬깃꼬깃 구겨 넣는 순간을 삼키며 웃었던 나를, 기특해! 잘했어! 라고 칭찬도 했다. 내가 매일 만나는 시간, 그중의 하나일 뿐이라고 위로하면서. 그래서 더더욱 그날의 웃음을 새겨 성공을 다짐했다.

끝내 꿈꿨던 성공이 오지 않은 나의 삶에, 내가 애써 버린 시간이 웃음을 업고 달아났다. 살기 위해 쓴 가면이 내 얼굴이 되어버렸다. 불쑥, 분노와 연민 그 어디쯤의 감정이 올라왔다. 내가 어떤 시간을 보냈고 보내고 있는지 아무도 모른대도, 나의 모든 빛이 닿지 않은 구석구석의 시간을 아는 내가 왜, 나의 웃음을 흙탕물 안에 쓸려 보냈을까. 다시 찾아와야 했다. 이제는 웃음이 삶의 보약이라는 것을 알기에. 남을 보며 성공을 새긴 어리석음을 버리고 내가 살아야 하는 삶에서 웃는, 진정한 성공을 하고 싶어졌다. 나를 향한 웃음, 마흔이 내게 다가와 조용히 일깨워 준 깨달음이었다.

처음으로 알았다. 나를 위해 온몸이 떨리도록 웃을 수 있다는 것을. 아무리 중요한 목적어도 나라는 주어를 앞지를 수 없다는 것을. 상처를 주는 이도 행복을 주는 이도 남이 아니라 나라는 너무도 단순한 것을. 문신 같은 두꺼운 가면을 벗은 그날 처음으로 목젖이 빛을 받으며 나와 함께 웃었다.

있는 그대로의
나를 사랑할 적당한 나이

: 멋스럽게 표현하자면 아마도 영혼의 허기가 있었나 보다. 그 시절, 아팠던 20대, 괜찮지 않았던 30대를 지나고 마흔의 평온이 왜 그렇게 좋은지 모르겠다. 분명 20대에도 30대에도 그 시절 어느 시간의 골목길을 따라 어디쯤 구석에는 빛도 들어오고 웃음도 지었겠건만, 눈을 감고 떠올리면 어김없이 동그랗게 등을 말고는 다리 사이에 고개를 파묻고 있던 모습이 덩그러니 나타난다.

나의 눈과 귀, 코와 입술 그리고 온몸이 내가 아닌 타인에게 향해있었으므로, 관계에 치이고, 애정에 목을 매고, 모든 것에 일희일비하여 정작 나라는 주어 없는 삶을 살았다. 그랬구나. 그래서, 그토록 밥을 먹고도 돌아서면 허기질 수밖에 없었구나. 그때는 몰랐다, 나에게 미안하다. 수많은 축하를 받으면서도 외로웠던 그 시절을 뒤로하고, 이제는 홀로 케이크에 초를 꽂고 홀로 부르는 노래 위로 혼자 보내는 박수만이 있대도 비로소 괜찮음을 느낀다. 나와 내가 마주 앉아 있다는 사실만으로도 넘치도록 충분하여서. 굳이 누군가의 위로가 아니어도 나는 괜찮고, 누군가의 응원이 없어도 당당하다. 주먹에 꼭 쥐고 살았던 '나 자신을 온전히 사랑하라'는 마음속으로만 새긴 문장을 드디어 알고 느끼고 살아가다니! 좋다.

이 모든 것은 그림자마저 안쓰러운 나를 꼭 안아주고 나서였다. 그러니, 지금을 다음으로 미루지 말길 바란다. 나를 미워하는 감정이 화석처럼 굳어 원망으로 바뀌기 전에. 그 원망이 화살이 되어 나를 향해 달려오기 전에, 나에게 수많은 채찍질과 모욕과 수치를 준 날에 미안함을 전하고, 나로 인해 꼬깃꼬깃 구겨진 채 초라하게 스러져 있는 나의 그림자에게 사과를 전하길 바란다. 나의 어두운 그림자를 일으켜 세워 이제부터 나랑 같이 행복하게 살자고 말을 걸어보자. 뒷걸음쳐 가려거든 먼저 손 내

밀고, 그래도 싫다고 손을 뒤로 감춘다면 온 마음을 다해 '있는 그대로 널 사랑해', 진심을 다해 전하자. 처음에는 민망해 얼굴이 붉어진대도, 꼭 필요한 시간을 더는 미루지 말자.

오직 나를 위해!

응, 과 닮은 ÷, 나누기로
위로하고 응원하고, 위로받고 응원받길

: 무수한 불안과 부족과 싸우고, 슬픔과 아픔에 짓눌리고, 거절과 거부에 치이면서 숱하게 아팠던 그 어떤 시절, 꺼이꺼이 목 놓아 울던 눈물을 삼키려 숨을 누르고 눌렀던 그 어떤 시간, 누르지 못하고 또다시 터지는 뜨거운 눈물에 다시 넘어졌던 그 어떤 때, 네가 나에게 건네준 기적의 한마디, '응' 짧지만 강력한 그 한마디. 나를 살리고 내가 사는 세상을 살렸기에 이제야 나도 나눗셈으로, 거친 호흡으로 숨을 이어가는 너를 살리고 싶다. 너의 스물, 청춘을 내어주고 끝이 보이지 않을 터널을 걸었기에, 너의 서른, 끝끝내 터널을 뚫고 당당히 나왔기에, 너의 마흔이 너에게 새로운 숨을 부여하길 바란다.

응, 얼마나 힘들었느냐. 앞으로 나가기 위해 그간의 온 힘을 쓰는 동안 얼마나 잔인한 시간을 견뎠겠느냐. 응, 충분하다, 너는 이것을 듣기에 충분한 삶을 살았다.

응, 널 응원한다. 실오라기 하나 걸치지 않은 맨몸으로, 가장 나약한 존재로 이 세상을 나와 살아낸 모든 날 들이 대견하다, 그 작은 힘을 쥐어짜며 굴곡진 삶의 능선을 건너고 건넌 네가 자랑스럽다.

응, 이젠 누구도 아닌, 너와 내가 나누어도 괜찮다. 너의 삶의 부분과 너의 삶 전체가 그래야 한다. 무엇을 하고 무엇을 만든 너의 이력이 아닌 너라는 존재만으로도 충분히 세상과 함께 나누어도 된다. 오롯이 너의 힘으로 세상이라는 길을 묵묵하고도 꿋꿋이 걸었으니, 그 어떤 이유를 달지 않고도 이제는 타인이 아닌 너와 나누면 된다.

누군가 정한 삶의 길을 길로 새기지 말고, 누군가 이룬 성공을 성공으로 새기지 말고, 누군가 말하는 노력을 노력으로 새기지 마라. 마흔. 너는 이미 하루하루 너에게 부여된 삶의 길을 최선을 다해 걸었고, 너다운 모습으로 삶을 살아내었고, 그 누구보다 노력했다. 그것만으로도 충분히 잘 살았고 잘 해냈고 잘 이룬 것이니, 이제 너에게 응, 과 닮은 나누기로 너를 위로하고 응원하여, 세상과 함께하고 나누길 바란다.

흐르는 눈물이
따뜻한 이유

: 차가운 유리창에 호, 입김을 불어 동그란 얼굴의 스마일을 손가락 꾹 눌러 그려보지만, 얼마 안 가 주르륵, 눈물처럼 흘러내린다. 분명 웃음을 머금은 동그란 얼굴을 그렸는데 형체를 알 수 없이 일그러진 얼굴 위로 눈물 자국이 남는다. 너의 몸이 차갑고 나의 손이 뜨거워서인가? 흐르는 눈물의 속도가 배로 빠르다. 서로의 온도가 맞지 않아서, 내가 새긴 동그란 스마일을 너는 온전히 받아들일 수 없나 보다.

삶에, 진심이면 진심일수록 다가오는 행복마저 겁이 난다. 온전히 품에 안기도 전에 떠날까 봐. 유리처럼 투명한 행복이 내 힘을 견디지 못하고 깨져 버릴까 봐. 그리고는 그것이 유리의 본성이라고 행복이 앙탈을 부릴까 봐. 단단하게 세운 블록이었건만 마지막 하나를 쌓는 순간 비틀, 중심을 잃고 무너질까 봐, 그래서 더는 행복을 그리고, 쌓고, 꿈꾸는 것을 못 할까 봐 겁이 차오른다. 왜 그럴까?

그건, 뜨겁게 살아낸 스물을 지나 맹렬히 달린 서른의 속도를 이제야 식히고 늦추어야 할 때를 알았기 때문이라고 말해 주고 싶다. 뜨겁고 빠르게 달릴 때는 그것을 알지 못하고, 그것이 몸에 밴 채 살아가는 것을 알려주지 않으면 관성대로 살아간다. 나에게 맞는 적당한 온도와 속도를 알려주며 다독일 때다. 이제는 알지 않는가? 나의 손이 뜨겁고 너의 몸이 차가울 때 내가 그린 웃음이 눈물로 녹아내린다는 것을. 그러니 사느라, 살아내느라 많은 것을 지나쳐 온 내 삶에게, 그 시절보다 어른이 된 내가 새로운 이야기를 들려주어야 할 때다.

싸랑해영

: 마지막 음절에 혀끝이 말린 말투로 '싸랑해영' 툭 뱉고는 전화를 끊는 남자 후배가 있다. 누구냐는 말에, 엄마요, 라는 짧은 답을 하고는 시선을 피한다. 본인도 멋쩍은가? 아님, 옆에서 듣고 있는 이에게 낯간지러운 말을 들켜버려 그러나? 엄마를 사랑하는 건 너무도 당연하지만, 정확히 네 음절, 사랑한다는 말을, 그것도 마흔이 넘은 남자가 엄마에게 하다니, 조금은 낯선 눈으로 후배를 보았다. '아무 일도 일어나지 않아요', 라고 남자 후배가 툭 던진다.

"엄마한테 사랑한다고 말해도 아무 일도 일어나지 않는다고요. 다리가 부러지는 일도 없고, 혀가 마비되거나, 정신이 이상해지지도 않아요. 다만 개미가 기어가는 듯한 4초만 참는다면."

후배의 말이 오랫동안 남는 것은, 사랑하지만 어느새 사랑한다는 표현에 서툴고 인색해져 버린 내 모습 때문이다. 세상의 전부이고 우주였던 그 시절, 엄마의 손을 잡기 위해 형제와 다퉈가며 경쟁하고, 엄마의 옷자락을 놓칠세라 꼭 붙들고 잠든 시절이 있었건만 어느새 다 자란 티를 이렇게 투박하게 내었다니. 갑자기 안부조차 멀어졌다는 마음에 한참 동안 넋을 잃었다.

맞다. 10년 짝사랑을 잇느냐 끊기느냐 하는 대단한 고백도 아니고, 나의 엄마에게 사랑한다는 말이 무슨 대수고 별일이라고. 사랑한다는 4음절에 너무도 얕고 옹졸하다.

후배의 말대로 4초면 되는 것이다. '싸랑해영', '나도 사랑해', 오고 가는 서로의 말에 딱 4초부터 시작해 보자.

그냥 그저 그런 날에
툭 들어오는 행복

: 세상이 불공평하다고 생각하다가, 점점 불공평한 것이 세상이라는 생각으로 바뀌기 시작했다. 선택하지 않은 세상에 나와, 내가 선택하지 않은 생일과 이름을 받고, 내가 선택받지 못한 삶을 참 열심히도 살았다. 그래서 열심히 살지 않기로 한 날, 행복을 '나름 만족'이라고 정했다. 어차피 모르는 것, 모른 채 살아도 그만이고, 불공평한 세상, 공평함을 따질 이유가 없어 삶의 궤도를 내 식으로 바꾸었다.

달력에 표시된 빨간 날만 특별한 날이라 생각했다가 빨간 날을 뺀 모든 날을 특별한 날로 만들고 싶어졌다. 특별히 아픈 날, 특별히 상처받는 날, 특별히 배고픈 날, 특별히 우울한 날…, 아프고 상처받고, 배고프고 우울한 날을 특별한 날로 만들고 나니 그럼, 반대의 그저 그런 게 뭐가 있을까 하다가, 툭, '행복'으로 정했다. 그리고는, 일 년에 한 번 가장 특별한 날인 생일처럼 특별한 날을 살아낸 나에게 선물을 주기 시작했다. 그러자 내가 특별해졌다. 아픈 날을 살아낸 나의 생존의 힘이, 상처에도 불구하고 또다시 일어선 의지가, 우울한 날을 딛고 일어선 정신 승리가! 세상이라는 고래 싸움에 낀 작고 작은 새우가 살아남았다는 삶의 경이로움이! 그 모든 것이 나를 아주 특별한 사람으로 만들었다.

모로 가도 서울만 가면 된다면, 내가 도착해야 할 서울은 행복이고, 그 행복은 특별하지 않은 그저 그런 날, '나름 만족'이 만들어 준 선물이다. 그러니 때로는 가장 좋은 것을 보고 달려가다가 실망하는 것보다는, 그렇지 않은 것에서 행복의 여유를 느끼는 것이 더 괜찮은 삶을 사는 것 아닐까? 그럼, 그냥 그저 그런 날에 툭 들어오는 행복이 더 많아질 텐데. 역시 삶은 어느 쪽에서 보느냐에 따라 시선이 다르고 어디에서 출발하느냐에 따라 동서남북, 방향도 달라지는 것이다.

편과 팬

: 언젠가부터 예쁜 신발보다 편한 신발을 더 찾는다. 나의 하루가 신발에 실려 사는 것보다, 신발을 신고 나의 하루를 걷고 달리고 싶었기에. 이제는 안다. 누군가의 시선에 맞춰 마음을 구부리고 구겨 넣고, 누군가의 호흡에 맞춰 나와 다른 엇박자로 숨을 쉬고, 몸을 한껏 낮춰 세상속으로 들어가 사람과 사람 사이로 스미지 않아도 된다는 것을. 캄캄한 밤에 고뇌의 날숨과 들숨을 쉼없이 마시고 뱉으며 수없이 생각하고 수없이 다짐했으므로 이제는 안다.

까고 까서 나오는 매력을 발산하여 얻는 백 명의 팬보다, '까봤자 양파지, 노력하지 않아도 돼', 라고 말해주는 내 편 한 명이 좋다. 얼굴에 맞지 않는 가면을 쓰지 않아도,

몸에 맞지 않는 옷을 입지 않아도, 발을 구겨 넣어야 맞는 예쁜 신발을 신지 않아도 나의 맨얼굴과 편한 옷과 신발을 걸치고 신은 나에게 '너대로 좋아, 너라서 좋아', 라고 말해 주는 내 편, 한 명을 힘 삼아 나의 하루를 사는 것이 그게, 진정한 삶이고 행복한 인생이다.

어떤 날도
비틀린 하루는 없다.

: 지금은 야생 동물을 보호하기 위해 자제하거나 금하지만, 오래전에는 정상에 오른 등산객 사이에서 스스로 산행의 노고를 축하하는 뜻으로 야호, 라고 외치는 세레머니가 있었고, 그 외침의 뒤를 따라 어김없이 메아리가 돌아왔다. '저 너머 산에서 누군가 답을 해주나?' 어린 시절, 어린 귀에 닿았던 그 메아리가 그저 신기했었던 기억이 있다. 나이가 들고 나서 미스터리로 남을 것 같은 메아리의 정체가 풀리면서 얻은 게 하나 있다. 내가 낸 소리는, 나의 목소리로 반드시 돌아온다!

콩 심은 데 콩 나고, 팥 심은 데 팥 나듯이 우리가 심은 삶에서 삶이 나고 아무것도 심지 않은 곳엔 잡초가 난다. 다만 봉우리와 봉우리가 맞부딪혀 돌아오는 메아리처럼 즉답이 오지는 않지만, 삶은 언젠가, 라는 시간 차이를 두고 내가 낸 목소리는 내 목소리로 나에게 돌려준다. 그러니 정직하게 살았다면, 열심히 살았다면 어느 한 날 비틀린 날은 없다.

어제에 설레고, 오늘에 취하고,
내일은 미쳐야지.

　　　　　　　　: 어렸을 때는 죽음을 몰랐고, 조금 커서는 영원히 살 줄 알았고, 그보다 더 컸을 어느 날, 알고 싶지 않았던 죽음을 알아 버렸다. 몰랐을 때는 모르는 게 약이라는 말처럼 몰랐던 대로 괜찮았지만, 알고 났을 땐, 아는 게 약이라는 말이 오롯이 다가왔다. 죽음, 그것은 나의 삶에 '최선'이라는 단어로 들어왔다. 그 시기가 나의 마흔이었다. 내가 가야 할 길에 청사진을 내가 뜰 수 있고, 수정이 필요하다면 내가 해야 할 막중한 책임감도 느꼈다. 새로운 새김이 필요했을 땐, 이 새김에 옳고 그르고, 이롭고 해로운 인간 세상에서 일어나는 모든 일, 시비이해(是非利害)를 가르고 따질 수 있는 올바른 시선도 필요했다.

나밖에 모르고 나의 생존을 위해 사는 나이기에, 사노라면, 살다 보면, 살기 위해라는 말로 합리화하며 알면서도 타협하고 넘어가려는 숱한 일들이 다반사로 생긴다. 그래서 나의 득실에 의해, 옳은 것이 그른 것으로 둔갑하고, 그른 것이 옳은 편으로 당당히 선다. 이런 비열한 바꿔치기도 처음에야 죄책감이 들지만, 삶을 위한 합리화의 덩치가 커지면 쉽게 무너지고 짓밟아도 되는 것쯤으로 쉬이 넘기고, 내가 치는 박수에 갇히면 감옥도 화려한 성이 된다.

그건 싫었다. 죽음이 삶을 단 한 번의 기회로 해석되었을 때, 생존보다는 삶을 택했고, 나에게 주어진 모든 시간과 시간 속에서 어제에 설레고, 오늘에 취하고, 내일은 미치고 싶어졌다.

너무나 행복할 때 시간이 멈추길 바라고, 불행으로 허덕일 때는 시간의 등을 떠밀어 보지만, 정머리 없는 시간은 초를 묶어 분으로 흐르고, 분을 묶어 시간으로 흐를 뿐 좌우를 살피지도 않고 머물러주지도 않는다. 똑같은 시간이

건만 빠르고 느린 것은 내 안에서 내가 느끼는 감정의 속도이기에 깊은 침묵 속에 잠들어있는 시간에게 나는 더는 묻지 않기로 했다.

제아무리 화려하고 풍요로운 꽃밭도 가꾸지 않으면 잡초가 덮쳐버리듯, 사람도 가꾸지 않으면 적이 되고, 삶도 가꾸지 않으면 황폐해진다. 가치 있는 길로 나아가기를. 혹여 그 길에 부정적인 감정에 둘러싸이더라도 물들거나 썩어나가지 않기를. 길위에선 나는, 어제에 설레고, 오늘에 취하고, 내일은 미치는 삶을 심겠다고 다짐하고 다짐한다.

창문을 여는 순간
찾아온 바람

: 창문을 열고 나서야 닫고 살았다는 것을 알았다. 겨우 창문 하나를 열었을 뿐인데 그동안 열 생각을 왜 못했을까? 혹여 너무도 차가운 바람이 들이칠까 봐, 혹시라도 먼지라도 훅 덤벼올까 봐. 그런데 여는 순간 시원한 바람이 찾아왔다. 창문 너머의 공기와 창문 안의 공기가 다르다는 것을, 비로소 창문을 열고서야 알았다. 나에게 마흔은 삶의 창문이 되어주었고, '나를 사랑하는 시간'을 선물해 주었다.

모든 사람의 마음속에는 크고 작은 창문이 있다. 이제 굳건히 닫혔던 창문을 열고 삶에서 피어난 꽃을 내 눈으로 보고, 내가 가진 가장 큰 숨으로 향을 맡고, 손가락 하나하나에 촉감을 세워 꽃잎을 만지고, 온몸으로 맞이하여 인사하여 조건 없이 나를 쉬게 하리라. 사람과 사람, 그 사이에서 차가운 한대를 누비느라 서늘하게 식어버린 나의 손과 몸을 녹이고, 삶과 삶 사이에 쉼표도 없이 치열하게 살아내야만 했던 고단한 몸을 이제야 쉴 수 있도록 창틀에 몸을 구부려, 불어오는 바람에 나를 맡길 것이다. 그래서 끝내 얼음으로 박제해 둔 나의 모든 아픔과 상처를 녹여버리고, 사람들을 깜빡 속이고 나를 펑펑 울게 한 가짜 웃음을 버리고, 타인의 눈동자에 박힌 채 처절하게 살았던 나를 구출하고, 고통의 들숨과 슬픔의 날숨으로 끝내 후덥지근하고도 끈끈해져 버린 혼탁한 공기를 활짝 열린 창문으로 환기하리라.

마흔. 바람이 분다. 마흔. 그 바람을 맞아 본다. 마흔. 창문을 열어야 바람이 들어온다는 시시하고도 간단한, 순수하고도 투명한 깨달음을 느낀다. 이제는 말하고 싶다. 너는 삶에서 피어난 더없이 아름다운 꽃이고 열매라고. 그것이 비록, 더는 푸릇한 스물의, 싱그러운 서른의 꽃과 열매와 다를지라도 마흔의 단단하고 실한 것을 너의 증명으로 피어날 것이라고.

괜찮아질 거라는 알약도 필요 없이

　　괜찮아진 마흔.

이제야 참 괜찮은 삶의 길을 걷고 있다,

　　뚜벅뚜벅.

Part 2

> 들어가는 말

이 책은 나인 작가의 책이다. 비록 나이는 나보다 후배이지만은 총기는 나보다 훨씬 많다. 그런 총기를 가지고 책을 썼으니 누구나 읽어 봐도 도움이 될 수 있는 책을 엮었을 것이다. 그는 이 글을 쓰면서 틈틈이 궁금증이 많다. 총기가 많은 사람이니 자연히 궁금증이 많아질 수밖에 없다. 그는 이 궁금증을 모아 나에게 질문으로 던져주며 답변을 요구했다.

내가 가진 것이라고는 나인 작가보다 나이가 많다는 것밖에는 없는데 내가 만족하게 해줄 답변이 무엇이 있겠는가? 아마도 내가 나이가 많이 들었으니, 삶에 대한 지혜가 많으리라고 착각하고 질문을 던진 것 같다. 생각해 보면 나라고 해서 총기 있는 그보다 내가 더 지혜롭다는 증거는 없다. 아마도 나이를 많이 먹었으니 무엇인가 자신과 다른 점이 있을 것이라는 기대하고 던진 질문일 것이다.

나는 그에게 충분한 답변을 해줄 수는 없다. 나는 단지 일생을 살아오면서 배우고 경험한 것만 알 뿐 다른 것은 잘 모른다. 그래서 아는 것만 답변해 주기로 작정하고 글을 썼다. 나는 이 글을 쓰면서 몇 가지 전제한 조건이 있다. 첫째는 질문을 받고 '즉문즉답'을 선택했다. 둘째로는 질문에 여러 가지 생각이 떠오르지만, 첫 번째 떠오르는 연상을 쓰기로 했다. 세 번째로는 내가 쓴 글에 가감하지 않았다. 글을 다듬고 고치는 일은 하지 않았다. 다듬는다면 아름다운 문장은 될 수 있으나 첫 연상을 가감 없이 있는 대로 적은 것만 같지 못하다. 글을 수정하는 순간 이미 사실로부터는 조금 멀어진다. 그래서 설령 문장이 서툴더라도 보태거나, 빼지는 않았다. 넷째 내가 시력을 잃어 내 힘으로 쓸 수가 없어 민병인 선생의 도움을 받았다. 내가 말로 하면 받아 적어 주고, 받아 적어 준 것을 읽어 주면 내가 정리하여 한 꼭지 원고를 완성 시켰다. 이런 조건을 안고 쓴 나의 대답이지만 읽는 사람들에게는 내 글이 일반화될 수는 없다. 생각하면 나 이외에는 경험할 수 없는 일들을 적은 것이기 때문에 설령 나와 똑같이 생활하고 싶은 분이 있다고 하더라도 그것은 불가능하다. 내 글이 다른 사람이 쓸 수 없는 경험이라면 독자 여러분도 다른 사람이 쓸 수 없는 여러분만의 경험을 따로 가지고 있을 것이다. 비슷한 경험은 있어도 똑같은 경험은 이 세상에 하나도 없다.

나는 나인 작가의 심도 있는 질문에 답하면서 이런 생각을 해보았다. 이 세상에 태어나서 지금까지 산을 넘고, 또 산을 넘고, 계속 산을 넘으면서 살아왔다. 그것도 한 번도 가 보지 않는 산을 넘고 넘어 지금에 이르렀다. 내가 넘어온 산을 되돌아보니 험한 산도 있고, 얕은 산도 있고, 산속에서 길을 찾지 못해 고통스럽게 헤맨 적도 있고, 나 혼자 길을 가면서도 바로 곁에 잘 다듬어진 길이 있다는 것을 발견하지도 못하고 우둔하게 걸어간 적도 있다. 때로는 내가 습득한 적응 방법으로는 해결할 수 없는 그런 길도 걸어 보았다. 사실 이 나이가 되어 되돌아보니 그때는 불안하고, 고통스럽고, 힘겨운 일이 많았으나 지금 생각하면 웃음이 나온다. 고생했거나, 때로는 즐거움도 있었지마는 그것, 저것 다 헤치면서 지금에 이르지 않았는가? 그것만으로도 유쾌한 웃음이 난다.

나는 독자들이 이 책을 읽으면서 나와 똑같은 삶을 살기를 원하지 않는다. 다만 이 글들을 읽고 나도 나만의 삶을 살아 봐야 하겠다는 동기가 생겼으면 좋겠다. 동기만 생길 수 있다면 자신을 어떻게 가꾸어 간들 그것은 자신이 선택할 몫이기 때문에 재미있게 만들어 가면 된다. 지나놓고 보면 유쾌한 웃음이 나오지만, 그것을 고통으로 겪는 당시의 상황에서는 웃음이라고는 생각지도 못했다.

이 책의 저자 나인 작가가 총기가 있는 분이라고 말했지만, 그 총기에서 머물지 않고 숱한 궁금증을 파고드는 집념이 있는 분이다. 총기가 있고 궁금증이 생겨 집념을 가지고 파고든다면 아마도 많은 지혜를 얻을 것이다. 그런 점에서 나이는 비록 나보다 후배이기는 하지만 그런 많은 궁금증을 나한테 질문함으로써 내가 몰랐던 것을 새삼 알게 해준 질문들도 많다. 그러니 질문을 통하여 내가 미처 몰랐던 것을 일깨워 준 점을 생각하면 그도 나의 스승이다. 모처럼 이 책이 많은 인연을 만나 스스로 자기 삶을 동기화하여 어떻게 살아야 할까? 생각해 보는 계기가 되었으면 좋겠다.

확신하건대 나인 작가의 책은 많은 인연을 만나 각자의 삶을 동기화시켜 주는 값진 책이 되지 않을까? 라는 생각을 해 본다. 이 책이 나오기까지 많은 사람의 도움을 받았다. 그 모든 분에게 감사하면서 지금이라도 자기가 걸어온 산 넘어 산을 한번 생각해 보는 계기가 되었으면 좋겠다.

산은 넘으라고 있고, 길은 가라고 있듯이, 삶도 길을 따라 걷고, 산을 넘어가다 보면 나만의 길을 만들어 가고, 나만의 산을 만들어 넘어가는 그런 삶들이 펼쳐질 것이다. 그 삶에 오직 충만한 기운만이 가득할 것이고, 궁금증도 해결되고, 나만의 깊은 마음속 우물에 그득한 향기로움만 가득 차리라 본다. 한번 시도해 보자 그 결과가 무엇으로 돌아오는지를…….

이근후

Chapter 4

쉰의 자격,
어른이 되니 행복한 게 많다

눈이 아닌 마음으로 지식이 아닌
지혜가 되는 시간, 어른

어른이란 무엇인가?

: 요즘 젊은이들은 우리 사회에서 노인은 많은데 어른을 볼 수 없다고 불만스러운 표현을 한다. 내가 어릴 때는 노인 하면 모두 어른이다. 그때는 대가족 제도였고 사회적인 가치를 유교에 두었으니 노인을 공경해서 모두 어른이라고 받들었다. 내가 기억하는 노인에 대한 호칭은 몇 가지가 있다. 어르신, 늙은이, 노인, 꼰대 껍데기 정도를 기억한다. 이 모두 같은 노인을 표현하는 것이지만 단어의 격이 다르다.

외국에서는 어떻게 부를까? 일본은 고령자, 중국은 존년(尊年 70대), 그리고 미국에서는 올드 피플(old pepole) 이라고 부른다니 대동소이하다. 그런데 굳이 우리나라 젊은 사람들이 노인과 어른을 구분하고자 하는 뜻이 무엇일까?

아마도 그들의 눈에 비친 노인이 노인답지 못한 부정적인 면을 보다 보니 그런 말이 나오지 않았을까? 시대가 바뀌었으니 나처럼 노인을 무조건 어른으로 받들던 시기와는 달리 지금은 노인과 어른을 구분하려고 하는 추세 때문에 어른이라는 말이 최고의 존칭으로 여겨진다. 다른 말로 하면 요즘 청소년들은 존경할 만한 노인이 없다는 말도 된다.

생각나는 일화가 하나 있다. 내가 이화여대학 재직 시에 철학을 하는 서광선 교수, 국문학을 하는 이어령 교수 그리고 나 이렇게 어울릴 때가 있었다. 서광선 교수의 나이가 제일 많았고 이어령 교수 그리고 나의 순으로 나이 차이가 각각 한두 살 정도로 어울렸었다. 간혹 만날 때마다 서광선 교수는 자기는 사랑을 받아 왔지만, 존경은 받아 본 적이 없다. 라고 푸념했고 이어령 교수는 존경은 받아 봤지만, 사랑을 받지 못했다. 라고 했는데 서광선 교수는 농담으로 이어령 교수가 강의하고 나면 학생들로부터 많은 존경을 받았지만, 그 강의 덕분에 사랑받은 것은 자기라고 농담했다. 나는 이런 말을 들을 때마다 "욕심도 많다.

존중받으면 됐지, 사랑까지 받으려고 한다, 사랑받았으면 됐지, 존중받을 그것까지 뭐 있겠느냐?"고 말했다. 이것은 나의 허튼소리가 아니고 내가 공부한 시각에서는 사랑이 없는 존중도 없고, 존중이 없는 사랑도 없다고 알았으니 사랑과 존중은 한 몸이거나 사촌 간이다. 그런데도 굳이 노인과 어른을 구분하여 어른이 없다고 주장을 하니 한번 생각해 볼 일이다.

나는 회갑을 맞으면서 나는 어떤 노인이 되었으면 좋을까? 라고 생각한 적이 있는데 그때 생각은 프랑스의 속담이라고 전해지는 '앙금이 없는 포도주와 같은 노인.'이 되고 싶었다. 요즘 청소년들이 노년을 굳이 어른과 구분하고자 하는 뜻은 이해가 간다. 내 나름 이런 생각을 해보았다. 가슴속에 철든 소년을 품고 사는 노인과 가슴에 철들지 않는 소년을 품고 사는 노인 이 두 부류의 내 나름 조작적으로 구분하여 생각해 본다. 내가 어릴 때 듣고 자랐던 노인에 관한 이야기 가운데 하나는 노인이 되면 도로 어린애처럼 된다는 말이다. 의학적인 용어로 말하면 퇴행한다는 뜻일 것이다. 생각해 보면 노인이 된다는 것은 생물학적인 나이다. 그것은 내가 나이테를 두르고 싶어 두른 것이 아니라 세월이 가면 자연적으로 감겨 지는 나이테다. 이에 비해 마음이라는 것은 세월이 간다고 감기는 나이테가 아니다. 태어나서 생을 하직할 때까지 자기 자신이 갈고 닦고 만들어 가야 하는 것이 마음의 나이테다. 그런 생각에서 나는 가슴속에 철든 소년을 품고 사는 노인이라면 어른이라고 공경해도 되지 않을까? 라는 생각이다. 철들지 않는 소년을 품고 사는 노인은 인격적인 성장이 고착되어 있거나 성정이 머무는 상태를 의미한다. 그러니 철든 소년을 품고 사는 인격적인 성장이 지속하는 노인이 상대적으로 어른이란 존중을 받을 만하다.

어른이 없다고 아쉬워하는 청소년들도 생물학적인 나이테가 둘러진다면 그도 노인이 될 것이다. 그냥 세월의 나이테가 감긴 노인이 되는 것이 아니고 가슴에 철이 든 노인의 인격을 품고 노년을 그들도 그렇게 철이 든 나이테를 만들어 간다면 존경받는 노인이 되지 않을까 생각된다. 그러자면 지금의 청년들이 철든 가슴을 가진 노인이 되고자 수련을 해 나아가야 할 것이다. 수련은 그저 세월이 흘러, 만들어지는 나이 든 노인이 아니다. 세월을 느끼고 그 속에서 사랑과 존중을 줄 수 있는 나이테를 찾아내려는 끊임없는 수련을 쌓아 가야 된다고 생각한다. 그래서 청년 스스로가 철든 가슴을 가진 어른이 많은 사회를 만들어 보자.

어른이 되지 못한
사람들

: 어른 되기는 참 쉽다. 그리고 어른 되기는 참 어렵다. 쉽다고 한 뜻은 시간만 지나면 누구나 어른이 되기 때문에 요즘 젊은이가 주장하는 어른은 이런 세월과는 무관한 것 같다. 존경할 수 있는 어른이 없다는 뜻일 테니 존경받으려면 생물학적인 연령만 가지고는 부족하다. 끝없는 자기 수양이 필요하다. 그래서 어른 되기가 참 어렵다.

그런데 요즘 젊은이가 주장하듯이 존경할 어른이 없다고 하는 뜻은 그냥 나이만 먹었지 본받을 만한 인격을 갖추지 못한 사람들이 많으므로 그런 주장을 하지 않나 싶다. 그래서 어른으로 대접받지 못하는 사람들은 도대체 어떤 사람들일까? 생각해 봤다. 젊은이가 생각하는 어른답지 못한 '나이만 먹은 노인'의 종류도 많겠지만 나보고 그런 사람을 고르라고 한다면 나는 벽창호가 아닐까? 라는 생각을 해본다. 벽창호란 '미련하고 고집이 센 사람을 비유적으로 이르는 말'인데 이런 분을 한번 상상해 보라 젊은 이들도 이런 사람을 만나면 어른답지 못하다고 공감해 줄 것이다.

옛날 전두환 대통령 시절에 고려대 총장을 하시던 김상협(1920~1995) 교수가 제16대 국무총리로 임명을 받았었다. 그때 총리께서 취임사를 하시면서 이런 말씀을 하셨다. 이 말은 퍽 인상적이어서 지금까지도 내 머릿속에 남아 있다. "굽은 것은 펴고, 막힌 것은 뚫어 나가면서 국정을 돌보겠다." 내가 감동한 내용은 펴고 뚫겠다는 말인데 이를 심리학적으로 말하자면 '소통'이다. 소통이 원활하지 못하면 부작용이 많이 생긴다.

소통이라고 하면 느닷없이 어릴 때 추억이 하나 떠오른다. 지금 젊은 분들은 보지도 듣지도 못했을 그런 직업을 가진 한 분을 소개하겠다. 내가 어린 시절에는 현재와 같은 고층 건물이 없고 대부분 주택이 초가집이었고 도회지에 잘 사는 집은 기와집이었다. 방들은 모두 온돌방으로 되어 있는데 온돌방이란 넓적한 돌로 구들장을 만들고 그 안에 통로를 만들어 방을 꾸민 것이다. 당시 연료는 산에 있는 나무를 베어다가 연료로 삼았으니 이 장작이 타면서 온돌의 통로를 통하여 굴뚝으로 연기가 빠져나간다. 그 과정에서 통로를 덮은 넓적한 돌들을 덮여 방을 따뜻하게 만들어 주는 그런 이치다. 그런데 부작용이 있다. 나무를 오래 때다 보니 연기도 나고 그을음도 생기고 이런 것이 누적되면 통로가 막히는 경우가 많다. 이런 막힌 온돌의 통로를 뚫어 주는 전문 직업 노동이 있었다. 내가 들려드리고 싶은 일화는 그 전문 노동자가 골목을 돌아다니면서 징을 치며 온돌 통로를 뚫으라고 외치고 다닌다. 그 직업을 가진 그 노동자의 모습을 보면 옷도 검정으로 남루해져 있고 얼굴도 검정으로 뒤덮어 있으니, 한눈에 알아볼 수 있다. 통로를 뚫는 기구는 긴 대나무를 반 토막으로 짤라 그 끝에 먼지떨이 같은 헝겊을 뭉쳐 매단 것이 전부다. 이를 둘둘 말아 어깨에 메고 한 손에는 징이라는 것을 들고 다니며 솜방망이로 두들긴다. 한번 두들기면 소리가 꽹과리 소리하고는 달리 중후하게 들리고 은은한 여운이 한참 간다. 여운이 끝날 때쯤 이렇게 외친다. "뚜우······. 러(뚫어)"라고 외친다. 이분을 불러 구들의 막힌 통로를 뚫고 나면 온돌방이 그전과는 달리 골고루 따뜻해진다.

국무총리의 취임사에서 막힌 것은 뚫겠다고 하신 말씀에 내가 연상해 본 지금 젊은이들에게는 알아듣지 못할 에피소드다. 요즘 기구로 표현하자면 내시경 같은 것이다. 그러면 이해가 빠를지 모르겠다. 뚫리면 이렇게 따뜻한 것을 인간 소통에서도 뚫어 보겠다는 의지를 표명한 것이니 기억에 오래 남을 수밖에 없다.

사람들은 함께 모여 사는 집단을 이루기 때문에 서로서로 대인관계를 갖지 않고는 살아갈 수가 없다. 관계에서 소통 기술이 모자라 온돌의 통로처럼 막혀 버린다면 서로가 불편할 것이다. 어른이 되지 못한 사람들의 유형은 많겠지만 나는 이 소통이 부족한 사람은 그런 사람이 되지 않을까? 라는 것을 제일 먼저 떠올렸다. 그런데 이 벽창호는 자기의 경험, 자기의 생각 언행 등 자기만이 옳고 다른 사람의 의견은 듣지 않는다. 그러니 귀가 먹었으니, 소통될 리가 없다. 온돌의 통로가 막혀 찬 방이 되듯이 인간관계가 막히면 따뜻함을 잊은 차가움만 남을 것이다.

소통의 기술은 태어나서 익혀 나가야 하는 것이기 때문에 미련하면 익히지 못한다. 고집불통이면 더욱 익히지 못한다. 그래서 이런 사람은 어른이 되지 못하고 다른 사람으로부터 소외를 당하게 되는 것이다. 젊을 때부터 소통하는 능력을 키워나간다면 적어도 미련하고 고집불통이라는 말은 듣지 않을 것이다. 우리 속담에 '팔십 노인도 세 살 먹은 아이한테 배울 것이 있다.' 끝없이 익혀 나가야 할 기술이 있다면 바로 인간관계의 소통이다.

어른이 되고 나서
얻은 행복

: 사람의 일생을 삶을 나누어 여러 형태로 설명한 학설도 많다. 태어나서 시간이 흘러가면 자연적으로 어른이 된다. 그것은 시간 따라 자연스럽게 우리에게 닥치는 한 단계이다.

나이를 생각하면서 연상되는 한 가지는 나와 같은 세대는 제 나이를 제대로 가지고 있는 사람은 드물다. 그 이유는 영아 사망률이 높았기 때문에 부모들은 바로 출생신고를 하지 않았기 때문이다. 출생신고를 하지 않는 뜻은 태어나서 1, 2년 정도는 살아서 그 고비를 넘길 때까지 출생신고를 늦추었기 때문에 실제 태어난 해가 다르고 호적에서도 취득한 나이가 다르고 그러니 이런 현상이 생겼다. 또 6.25 전쟁이 일어나면서 개인의 필요에 따라 나이를 올리거나 나이를 낮추는 사람도 있었으니 정직하지 못한 나이를 가지고 살아온 사람도 많이 있었다는 이야기이다.

우리나라만이 그런 것인지는 모르겠으나 나이를 따라 위계질서를 잡으려는 속성이 많다. 다툼이 있거나 인간관계에서 나이를 따지는 일이 많다. 나이가 많으면 유리하기 때문에 그렇다.

재미나는 에피소드 하나가 연상된다. 나하고 중·고등학교 동기생이 하나 있는데 이 친구는 육군사관학교를 가서 장군까지 진급하고 퇴역 후에는 국회의원도 지낸 그런 친구다. 전두환 대통령 때인데 그때 처음으로 남북 청소년 축구 대회가 방콕에서 열렸다. 이때 이 청소년 축구단을 이끌고 가는 단장역을 맡았다. 남북이 긴장 상태에 있었던 때라 그 만남은 남이나 북이나 피차 긴장되고 부담스러웠던 대회였다. 북측 선수단을 이끌고 온 단장도 비슷한 연령대라 내 친구가 먼저 선수를 쳤다. "우리 서로 보니 나이가 비슷할 것 같은데 형씨는 연세가 어떻게 되나요?" 북측 단장은 몇 년생이라고 이야기했다. 내 친구가 들으니 자기보다 나이가 많다. 정직하게 하자면 아! 그러면 형뻘이 되는데 자기 나이는 알리지도 않고, 그러면서 본인보다 늦게 출생했다고 우기면서 이것도 인연이니 서로 형제처럼 지내자고 하면서 자기가 형 노릇을 했단다. 그가 자랑삼아 나한테 한 이야기이니 헛말은 아닌 것 같다.

나는 어릴 때 1년이 그렇게나 길었다. 빨리 어른이 되어서 하고 싶은 일을 마음껏 하고 싶었는데 왜 그렇게 세월이 늦게 가는지 어른이 하는 모든 것이 부러웠다. 어른(노인)이 되는 첫 관문이 정년 퇴임할 시기이니 그때 첫 번째 한 일이 주민센터에 가서 시니어 카드를 발급받았다. 어른이 되어 첫 번째로 맛본 행복이다. 나는 이 행복을 누리기 위하여 행복 연습을 했다. 다름이 아니라 시니어 카드를 들고 전철을 타면 무료이기 때문에 대접받는 일이다. 나는 2호선을 타고 좌측으로 돌아보기도 하고 우측으로 돌아보기도 했다 순환선이기 때문에 타고만 있으면 제 자리에 돌아온다.

그때 느낀 일화 하나를 소개하면 무료로 승차했으니, 그

것이 기분이 좋은데 전철에 사람이 많을 때는 서서 가야 한다. 은근히 어른 대접을 전철 안에서도 받고 싶었다. 그런데 아무도 자리를 양보해 주지 않는다. 속으로 내 앞에 앉아 있는 젊은이를 보고 '이 친구는 자기 부모도 없나?', 말을 입 밖으로 내지 않았지만 속으로 그런 생각을 했다. 알아주지 않으니 섭섭한 마음이다. 또 한번은 전철을 탔더니 내 앞에 앉아 있던 젊은 친구가 벌떡 일어나면서 '어르신 여기 앉으세요.'라고 하자 또 섭섭하다. 이것도 입 밖으로 말은 하지 않았지만, 마음속으로 이렇게 말했다. '이 친구 눈에는 내가 노인으로 보이나 보지.' 이런 정서가 내가 노인으로 입문하는 과정에서 느낀 양가감정이다. 자리를 양보해 주어도 섭섭하고, 양보해 주지 않아도 섭섭하고 이런 것을 보면 내가 어릴 때 그토록 바랬던 어른이 되기 싫은 감정이 섞여 있었나 보다.

결론적으로 어른의 행복은 일생을 살아오는 동안 경험한 것과 배우고 익힌 것을 토대로 되돌아볼 때 만족스러운가, 불만족스러운가 라는 것에 따라 행복감이 다를 것 같다. 어느 쪽이든 자기가 살아온 나만의 족적이기 때문에 둘 다 행복감을 느낄 수 있도록 만드는 기회가 되었으면 좋겠다. 긴 여행을 마치고 종착역이 가까우니 그 자체로서는 행복하다고 하기는 어렵겠지만 지난 나만의 발자국을 한 농부가 1년 농사를 거두는 심정으로 정리할 수 있다면 그것이 어른이 갖는 가장 큰 행복이 아닐까, 생각된다.

마음이
다시 태어난, 어른

: 세상 만물은 변한다. 변하지 않는 것은 없다. 옛시조에 '산천은 의구한데 인걸은 간데 없고'라는 글귀가 있다. 우리가 보기에는 산천은 의구(*옛날 그대로 변함없이)할 것 같은데 그렇지 않다. 변화하는 속도가 늦어 우리가 감지하지 못할 뿐 변한다. 그 증거로 지구가 탄생하고 지구가 어떻게 변화됐는지 그 오랜 세월을 두고 생각해 본다면 변해도 많이 변했을 것이다.

사람도 몸이 변한다. 어릴 때 몸이 다르고, 성장하면서 변화하는 몸을 볼 수가 있다. 성장의 정점에 이루면 쇠퇴의 길로 접어든다. 나이 들어 동창회라도 나가자면 이런 소리를 많이 듣는다. "너 하나도 안 변했어, 학교 다닐 때와 똑같네?" 이런 소리를 서로 나누지만 착시현상이다. 세월이 그렇게 흘렀는데 안 변한 게 있을까? 그런데도 그런 말을 주고받는 것을 보면 학교 다닐 때의 인상을 그대로 간직하고 있다. 지금 만나도 그런 인상을 준다는 것이 하나도 변하지 않았다는 말은 사실이 아니다.

마음도 변한다. 몸이 변하듯이 마음도 변하는데 사람들은 일편단심 그런 옛말을 연상하면서 변하지 않는 마음이 더 가치 있는 마음이라고 생각한다. 마음도 변해야 일편단심보다 성장한 마음이 된다. 내가 여기서 변한다고 하는 것은 자기 이익에 따라 이렇게도 변하고 저렇게도 변하고 그런 마음을 이야기하는 것이 아니라 주변 상황에 적절하게 적응하는 마음을 말한다.

마음도 변한다면 어떻게 변하는 게 바람직할까? 결론적으로 말하면 나에게 영향을 주는 자연 그리고 내가 사는 공간과 시간 그리고 모여 사는 사람들과의 사이에 대인관계 등을 그것에 맞게 적절하게 변화하면서 적응한다면 그는 현실 검증이 뛰어난 마음이라고 할 수 있을 것이다. 사람에겐 삶을 통하여 이 마음이 변화하는 계기가 있다. 자기는 가만히 있는데 마음만 변한다. 그런 일은 없다.

앞에서 말한 자연환경, 시·공간 그리고 자아의 인간관계 등 자극을 통하여 변화는 동기가 생기는 것이다. 이런 동기는 일생을 통하여 많이 접할 수 있는 사람이 있고 드물게 접하는 사람이 있을 뿐 피해 갈 수 있는 일은 아니다. '조삼모사'(자기의 이익을 위해 교활한 꾀를 써서 남을 속이고 놀리는 것을 이르는 말) 하는 마음이 아니라 거듭 이야기 하지만 주변 상황이 적절한 반응을 하는 것을, 나는 변화라고 생각한다.

옛 속담에 '사람들의 마음은 갈대'와 같다고 했다. 특히 여자들의 마음을 일컬을 때 그런 표현을 여성을 비하하는 뜻으로 많이 사용되었다. 삶의 목적이 무엇이겠는가? 근본적인 목적은 살아남기 위한 것일 것이다. 자신이 살아남으려면 갈대처럼 흔들리지 않고는 살아남기 어렵다. 갈대의 흔들림을 '조삼모사'의 개념과 같이 생각하는 경우가 많아서 갈대의 흔들림은 좋지 않은 뜻으로 더 많이 사용되었으니, 갈대는 억울할 것이다. 인위적으로 생각을 하면 개인이 살아가면서 부딪치는 어떤 계기가 있어 그 계기를 기회 삼아 되돌아보기도 하고 어떻게 적응할까를 생각하고 판단한다. 대게 장년기를 지나고 노년기에 접어드는 경계쯤 이르면 흔히 지나온 과거를 되돌아보며 참회하기도 하고 즐거운 추억으로 기억하기도 한다. 이런 과정을 통하여 남은 미래를 어떻게 즐겁고 가치 있게 살아갈까?를 구상해 볼 수 있을 것이다. 이점이 바로 마음이 변화를 일으킬 수 있는 변곡점이 된다. 일반적으로 그런 연령대에서 자연적으로 일어나는 현상이긴 하지만 사람에 따라서는 연령에 관계없이 큰 충격을 받거나 예상치 못했던 고통에 직면하는 그것 또한 변곡점이 된다.

변곡점이라고 하는 것은 기회도 된다. 기회란 위기이기도 하지만 새로운 마음을 만들어 가는 기회도 될 것이다. 많은 사람은 이런 변곡점을 인식하지 못하고 지금까지 자극해온 자기의 적응 방법만을 고집하면서 되풀이하는 속성이 있다. 똑같은 상황을 고통으로 일관하는데 똑같은 방법으로 적응하려고 해서야 되겠는가? 갈대처럼 흔들려 보아야 한다. 흔들리다 보면 적절한 적응 방법이 터득될 수도 있을 것이다. 이런 변곡점을 잘 직면하고 활용할 수 있는 사람이 있다면 그는 바로 자기 마음을 재탄생시키는 어른이라고 칭해도 모자람이 없을 것이다.

삶은 한가지의 적응 방법만 가지고 살아갈 수 없다. 주변이 변하기 때문에 변하는 상황에 알맞은 적응 형식을 끊임없이 익혀야 한다. 그 익힘은 우리는 모두 매일 매일 다시 태어나기 때문이다.

매일 아침 하늘을 보는 순간,
시작되는 행복

: 언젠가 다수의 청중 앞에서 강연했더니 청중 중에서 한 젊은 분이 나에게 이런 질문을 던졌다. "선생님은 언제 가장 행복감을 느끼세요?" 나는 서슴지 않고 즉답했다. "아침에 눈 뜨면 가장 행복합니다." 그랬더니 그 젊은 친구는 의아한 눈으로 또 물었다 "아침이 되면 누구나 눈을 뜨는데 그게 어떻게 행복이 될 수 있나요?" 나는 다시 대답했다. "누구나 아침에 눈을 뜬다고요? 누구나 뜨지 않습니다. 살아 있는 사람만이 눈을 뜹니다." 그렇다 그 청년이 물은 것에 대한 충분한 대답은 아니겠으나 적어도 나이든 요즘 그런 생각을 많이 한다.

우스갯소리로 들릴 줄 모르겠지만 나는 아침마다 생일을 맞는다. 지나간 어제는 벌써 돌이킬 수 없는 과거이고, 어제와 다른 오늘 아침에 눈을 떴으니 내 생일이다. 이런 생각은 80회 생일을 맞았을 때부터 그런 생각을 가졌었다. 60회 회갑이 되던 해에 자녀들이 회갑을 어떻게 하겠느냐 하는 문의나 논의도 하지 않았다. 그래서 내가 자녀들을 모아 놓고 내 회갑을 어떻게 해줄 거냐 하고 이렇게 물었더니 모두 의아한 눈으로 바라보면서 요즘 회갑이라고 기념하는 사람이 어디 있느냐는 것이다. 100세 시대를 살면서 한 80세 정도는 되어야 기념할 수 있지 60세는 청년이란다. 나는 내 의견을 말했다. 옛날 같은 개념의 회갑이 아니라 100세 시대라고 하더라도 반생을 넘긴 건데 이날을 기해 지나온 나의 삶을 되돌아보면서 반성과 행복감을 느끼면서 내 삶의 '대차대조표'를 만들어 보고 싶어서 그러니 회갑은 꼭 해야 한다고 설득했다.

회갑을 기점으로 과거를 성찰하고 미래를 설계해 본다는 것은 그게 인생의 변곡점이라고 생각했다. 그 후 80세가 되니까 자녀들이 내가 60세 때 했던 말을 기억하고 잔치를 어떻게 벌였으면 하고 물어보았다. 내 대답은 그들이 듣기에는 의아해했을 것이다. "잔치는 안 한다." 이 엉뚱한 대답에 자녀들은 60세 때 혼이 났던 것을 기억하고 내가 노여움이 아직 풀어지지 않아 딴지를 거는 것처럼 느꼈을 것이다. 그러나 내 생각은 그래서가 아니고 80세 생일을 어떻게 보냈으면 좋을까? 하고 나 혼자 궁리하다 보니 미래가 얼마나 보장되어 있는지는 모르겠으나 그때까지 즐겁게 살 방법이 무엇일까? 곰곰이 생각해 보았다. 그래서 떠오른 엉뚱한 생각은 하루하루가 나의 생일이다.

 이 말은 아침에 눈을 뜨면 내가 탄생했다는 의미가 된다. 그러니 생일이지 그래서 80회를 맞는 생일에는 이런 방법으로 혼자 즐겼다. 손님이 오시든지 아니면 내가 초청하던지 그래서 만난 분들과 점심식사를 할 때가 많았는데 맛있게 점심을 먹고 나서 환담을 하고 일어날 때쯤 '사실은 말이야, 오늘이 내 생일이야.'라고 말하면 모두 깜짝 놀란다. 진작 알았으면 내 생일 선물이라도 가지고 오는데 죄송하다고 말한다. 죄송하기는 내가 죄송하다. 왜냐하면, 거짓말을 했기 때문이다. 내 생일은 태어난 하루 그날이 내 생일인데, 나 혼자 마음으로 눈뜨는 날이 모두 생일이라고 살고 있었으니 그들에게는 거짓말을 한 셈이다. 무슨 이득을 얻기 위해서 거짓말한 것은 아니다. 굳이 이유를 대자면 아침에 눈 뜬다는 것 자체가 새로운 탄생이 아니겠냐는 생각이 있으므로 그런 농담을 하고도 내가 잘못된 거짓말을 하고 있다는 생각은 하지 않았다. 즐거웠다.

한번 생각해 보자. 사람들은 자신의 내일이 멀리는 미래가 보장되어 있다고 착각을 하고 산다. 나는 80세 되던 해에 이런 장난기 어린 생일 밥을 내가 내기도 하고 손님이 내기도 하고 그래서 1년 동안을 정말 즐겁게 보냈다. 미래를 보장받은 것은 아니지만 아침에 눈을 뜨고 햇빛을 볼 수 있다는 것은 최소한 오늘 하루는 보장받은 것이나 다름이 없다. 그러니 어찌 행복하지 않을 수가 있겠는가? 이런 경험 때문일까? 큰아들은 천문학자인데 그가 회갑을 맞은 날 생각이 비슷한 또래와 셋이서 회갑 기념 토크 투어를 기획하고 전국 방방곡곡을 돌아다니면서 청중들과 만나 소통을 하는 것을 보았다. 생각 나름이다. 하루하루가 모여서 1년이 되고, 10년이 되고, 100년이 되는 것이다. 어떻게 삶을 가치 있게 보낼까? 라고 한번쯤은 생각해 볼 문제이다. 아침에 눈을 뜨고 햇빛을 볼 수 있는 행복감은 그냥 얻어지는 것이 아니다. 그러니 내가 생각하는 가치 있는 삶을 즐겁게 실행하는 노력을 한다면 그 열매는 많은 사람에게 맛있는 열매가 되어 주지 않을까? 그런 생각을 해본다. 이런 생각을 하는 것도 따지고 보면 내가 아침에 눈을 떴기 때문이다. 얼마나 고마운 일인가….

삶이라는 숲에서
일상이라는 꽃을 보았네

: 영어단어에 like와 love가 있다. 이 두 단어의 차이점이 무엇일까? 좋아하다. 사랑하다. 라는 뜻인데 우리 일상의 삶에서는 비슷한 뜻으로 통용되고 있다. 그러나 이 둘 사이에는 확연한 차이점이 있다. 꽃을 좋아하는(like) 사람은 그 꽃을 꺾어 즐거움을 느낀다면 꽃을 꺾어 가짐으로써 즐거움을 만드는 것일 것이다. 이에 비해 꽃을 사랑하는(love) 사람은 그 꽃을 꺾지 않고 있는 자리에 두거나 화분에 옮겨 심어 키우면서 즐긴단다. 그런 차이점을 두고 보면 정말 큰 차이점이다. 생명 존중 사상을 기준으로 본다면, 꽃을 꺾어 좋아하는 사람은 생명체를 죽여 자신의 즐거움을 만든다는 뜻이 되겠고, 제자리에 두고 보거나 옮겨 심어 키우면서 즐거움을 느끼는 것은 생명을 존중하는 것으로 해석할 수가 있다.

일화 하나를 소개하면, 옛날에 현대그룹의 회장님이었던 정주영 회장님의 일화가 유명하다. 무엇이냐 하면 그는 축하해야 할 일이나 경사가 있으면 흔히 우리들은 꽃다발을 선물하는데, 회장님은 꽃다발을 제일 싫어했단다. 왜 멀쩡한 꽃을 꺾어 잠깐의 즐거움을 위해 생명을 죽인단 말인가, 그런 뜻에서 꽃다발이나 꽃이라는 것을 참 싫어했다는 일화다. 그분의 성격을 뒷받침하는 일화다.

하나 더 소개하면 박정희 대통령이 불러 프로 야구팀을 만들라고 했을 때 거절했다는 이야기다. 대통령이 왜 거절하냐고 이유를 물었더니 그건 속이는 운동이라고 해서 싫다고 했다. 정 회장이 속이는 운동이라고 했던 이유는 런너가 도루를 하는 것을 보고 그렇게 말씀하셨단다. 도루라는 것은 수비진이 잠시 머뭇머뭇하는 사이에 베이스를 하나 훔친다는 뜻이다. 야구는 그런 재미로 보는데 회장님은 훔치는 것은 정직하지 못하기 때문에 싫단다.

사람들이 모여 살아가는 삶에서도 살아가는 방법이 이와 유사한 점이 많다. 일시적인 자기 이익과 즐거움을 느끼기 위해 상대방을 해롭게 하는 사람도 있고 반대로 대인관계에서 긍정적인 소통을 통하여 상부상조하는 서로가 이롭게 살아가는 사람들도 있다. 사람들의 성격이 발달하는 단계를 보면 원래는 이기심이 가득한 마음이다.

생각해 보자 우리가 아주 어릴 때는 자립할 힘이 없다. 부모나 사회적인 보호가 없이는 생존할 수 없다. 이런 처지에 있을 때는 자기가 살기 위해서는 본능적인 이기심이 없고는 살아남기가 힘들다. 이때의 본능적인 이기심은 오로지 생명 유지를 위한 본능적인 행동이다. 그러나 성장하면서 경험하는 대인관계는 상대적으로 이기심만 가지고는 살 수가 없다. 이기심만 가지고 생명 유지는 가능할지는 모르지만, 일상적인 삶을 살아가기에는 한계가 있다. 그래서 생기는 것이 이타심이다. 삶을 살기 위해 우리는 나와 또 다른 대상과 서로 소통하고 살기에는 안되는 환경에 있을 때 어릴 때의 이기심처럼 나만을 위해 이기심을 발휘한다면 상대방이 그를 함께 하겠는가? 이 말은 일상 삶을 살아가는데 대상관계에서 주는 것이 있으면 받는 것도 있게 마련이다. 오는 정, 가는 정이다. 이타심은 남을 배려한다는 말과도 상통이 되는데 왜 배려를 할까? 배려하지 않으면 내가 일상의 삶에서 삶을 유지해 갈 수 없으므로 그렇다. 그러니 삶이란 일대일의 대상관계뿐만 아니라 일대 무한대의 관계가 있으니 이 소통은 자신이 어떻게 넓혀가는가에 따라서 그의 행동반경이 넓고, 작은 차이는 있겠지만 이기심만 가지는 것과는 확연히 다르다.

이타심을 잘 못 생각하면 나를 버리고 남을 위하는 그것으로 생각할 수도 있다. 또 그렇게도 가르친다. 이타심은 내가 있어야 생기는 것이지 내가 없어도 생길 수 있는 것이 아니다.

옛날에 이런 환자 한 분을 봤다. 한 종교의 신도이었었는데 이 부인은 그 종교의 목사님이 너무너무 훌륭하시고 하시는 일도 많은데 왼쪽 팔이 하나 없는 장애인이란다. 자신은 팔이 하나 있어도 그만 없어도 그만인 하찮은 사람이기 때문에 이 팔을 그 목사님에게 이식 수술을 해 달란다. 이식 수술은 외과에 가서 문의해야 하는데 왜 정신과를 찾아왔냐고 물어보았다. 그리고 그 당시 기술로서는 팔의 이식 수술 같은 것은 불가능할 때다. 이 부인은 안 그래도 이식 수술이 가능한 병원마다 찾아가 문의했더니 불가능하다는 말만 들었다. 그래서 마지막으로 수면제 한 병을 사서(당시에는 처방이 없어도 약국에서 살 수 있었다.) 나한테 와서 안 된다면 이것 먹고 자살하겠단다. 나는 설득하여 수면제를 뺏는 역할밖에는 해주지 못했다. 이 부인은 자기 자신을 희생해서 목사님을 돕겠다는 뜻이니 꽃을 꺾어 즐기는 거나 다를 바가 없다.

우리 일상 삶에서는 like도 좋고 love도 좋다. 두 가지 모두 긍정적인 삶에 활기를 주기 때문이다. 같은 값이면 love 쪽의 삶이 마음에 더 당긴다.

삶에서 많은 대상관계를 이루지만 이 관계의 바탕은 love였으면 좋겠다. 꽃은 보아야 꽃이다. 우리가 살아온 일생의 모든 순간순간이 꽃이다. 그 꽃을 보기 위해 수많은 역경을 지나고 수많은 괴로움을 겪고서야 인생이라는 긴 터널의 숲에서 활짝 핀 꽃을 볼 수 있을 것이다. 삶의 일상에서 핀 꽃만 보지 말고 일상의 삶의 수레바퀴에서 보이지 않았던 그리고 지금껏 피우지 못하는 꽃을 피우려는 노력도 함께하는 그런 삶의 숲을 가꾸는 사람이었으면 한다.

웃음거리가 되고만
젊은 날의 고민

            : '자라 보고 놀란 가슴 솥뚜껑 보고도 놀란다.' 라는 우리의 속담이 있다. 솥뚜껑 보고 놀란 행동을 한다면 나중에는 얼마나 웃음거리가 될까? 나는 인턴 수업을 하면서 결혼하여 연년생으로 4남매를 낳았다. 이들이 초등학교에 들어가기도 전에 사회적으로 큰 사건이 하나 터졌다. 북한의 김신조 등 31명의 특공대가 청와대의 담벼락이 있는 자하문까지 침투해 와서 그곳에서 경찰의 검문에 걸려 전투가 벌어졌다. 모두 사살되고 김신조만 생포되었다. 이들이 청와대까지 습격하는 목적은 김신조가 이렇게 말했다. "박정희 대통령의 목을 따러 왔다!" 이 놀라운 뉴스가 전국으로 퍼져 나가자 모두 긴장했다. 실제로 이에 대한 보복을 위해 전면전이라도 일어날 것 같은 일촉즉발의 분위기였다.

이런 경험을 하면서 만일 내가 과거에 경험했던 6·25전쟁 같은 것이 다시 일어난다면 어떻게 대처해야 할까? 혼자 고민을 했다. 나는 6·25전쟁을 통하여 말할 수 없는 고통스러운 여러 가지를 경험했다. 물론 나보다 더 고통스러웠던 사람들도 많다. 전쟁을 통하여 목숨을 잃은 사람이나, 상처를 입어 불구자가 된 사람도 있고, 한때 적의 점령 하에 놓여 고통받았던 사람들에 비하면 나는 그나마 다행스러운 고통이다. 이유는 대구에서 살았기 때문에 전쟁의 여러 고통은 겪어도 적의 치하에 점령당한 적이 없으므로 상대적으로 다행스러웠으나 그것은 비교했을 때 그렇다는 말이고, 나 자신의 경험을 앞세운다면 내 고통이 제일 크게 느껴졌다.

김신조 사건에 잇따라 울진 공비 사건도 생기고 했으니 나의 불안은 점점 증폭되었다. 아직 어린 4남매를 데리고 어떻게 대처한단 말인가? 그래서 우선 4남매가 잠자는 방에 군대 내무반의 사물함 같은 것을 만들어 머리맡에 두고 그 안에 일주일 분의 먹거리를 장만하여 넣어 두었다. 만일 피난도 나갈 수 없는 처지가 된다면 이 비상식을 먹으면서 대책을 세워야 하지 않을까? 라는 생각이었다. 간이 식량이라는 것이 모두 유효 기간이 있었기 때문에 마냥 사물함에 넣어두고 기다릴 수는 없어서 일주일마다 슈퍼에 가서 간이 식량을 구매하여 교체했다. 근데 이런 일은 나만 한 것이 아니다. 많은 사람이 6.25를 경험한 세대이기 때문에 그 놀란 가슴을 달래기 위해 제 가끔 대책을 마련했다. 이것은 개인적이지만 거리를 나가 보아도 사뭇 전쟁이 곧 날 것 같은 분위기다. 6·25 때 한강 다리가 폭파되어 많은 분이 피난을 나가지 못했는데 그 때문이었을까? 한강 다리의 북쪽 강변에는 수많은 작은 배들이 있었다. 아마도 한강 이남으로 피난할 경우 사용할 대비책이었었나 보다. 그리고 집마다 통지서가 왔다. 만일 사태가 일어나면 우리들은 지정한 날짜에 한강둑에 정박해 있는 어느 배를 타라 그런 전달문이다. 이러니 우리들의 불안이 증폭되지 않을 수가 없었다. 그러나 실제 상황은 일어나지 않았고 그렇다고 평화로운 나날을 보낸 것도 아니다. 긴장 속에서만 살았으니 솥뚜껑 보고도 놀라지 않을 수가 없었다. 이런 긴장 상태에서도 생업을 유지하면서 이렇게, 저렇게 살았는데 내 마음의 밑바탕에는 솥뚜껑 보고 자주 놀랐다.

자녀들이 자라서 대학을 갈 때다. 딸이 의과대학 시험을 1차에서 불합격하여 2차 시험을 치르게 되었다. 아버지가 의과대학 교수이니 2차 의과대학은 어느 곳을 갔으면 좋겠냐고 물었다. 나는 서슴지 않고 순천향 의과대학이 좋다고 했다. 왜 좋으냐고 묻는다. 이것저것 좋은 점을 꾸며서 말해 주었다. 당시 2차에서는 한림대학교도 있고, 순천대학교도 있었는데 한림대학은 춘천에 있었다. 그러니 내가 즉답을 한 이유는 짐작이 갈 것이다. 다시 6.25 같은 사변이 난다고 하더라도 순천향대학은 한강 이남에 있었으니 그것이 이유 전부였다. 자녀들이 모두 결혼하여 아들, 딸 낳고 잘 산다. 손자들에게 자기 아버지나 엄마의 어릴 때 이야기를 하다 보면 자연히 그때 내가 취했던 여러 가지 행동들을 들려주었다. 나는 그런 이야기를 하면서도 옛날 기억이 생생하게 되살아나 불안해하면서 이야기를 들려주었다. 불안을 안고 이야기했다는 뜻은 요즘도 북한이 미사일을 쏘고 미국이 전략 폭격기를 전개하고 이런 대치 상황이 되면 과거의 내 걱정했던 것이 실감 나게 되살아나기 때문에 불안하다. 근데 내 이야기를 듣는 손자 손녀들은 하나도 불안해하지 않는다. 내 이야기에 실감이 나지 않기 때문에 그럴 것이다. 지금도 그런 대치 상황에서 서로 간장을 고조시키고 있는데도 불구하고 손자 손녀들은 관심이 별로 없나 보다. 관심이 없으니 불안할 이유도 없다. 단지 할아버지가 들려주는 자기들 부모의 어릴 적 이야기가 신기할 뿐이다. 이렇다 보니 내 불안은 손자 손녀가 듣기에는 웃음거리가 되었을지도 모르겠다.

내가 밖에 나가서 강연도 많이 하고 책도 쓰고 원고 청탁도 많이 받았는데 6·25 때 어쩌고, 저쩌고 그런 이야기는 하지말란다. 이미 손자들 세대에서는 역사책에서 배우는 한두 줄 시대적 상황에 불가한 역사의 뒤안길이다. 그때 이야기를 자주 하면 꼰대 같은 취급을 받는다면서 하지 말란다. 아마도 내 젊은 날의 고민이나 그로 인한 고통 같은 것을 듣고 웃을지도 모를 청중들을 생각해서 나에게 주의를 당부하는 것일 것이다.

세월이 흘러 새로 태어나는 젊은이들에게는 나의 이런 큰 고통도 한낱 웃음거리가 되어 버린다면 나의 젊은 날의 이런 고통과 고민도 새롭게 태어나는 젊은이들은 새로운 미래의 고민을 창의적으로 많이 하는 젊은이들이 되었으면 하는 바람이다.

이제야 보이고 느껴지는
부모님 마음

　　　　　　　　　: 살다 보면 지나간 일을 그때 그 당시에 왜 지금 같은 생각을 할 수 없었을까? 라는 생각을 많이 하게 된다. 그런 소망은 있었지만, 그때로 되돌아간다면 그 당시의 나로서는 그런 상황을 지금과 같은 안목을 가지고 생각하기에는 나이가 어리거나, 나이가 들었어도 철이 없었거나 하여 같은 결과를 가져왔을 것이다.

미련한 생각이지만 한때 딱 지금과 같은 조건 그리고 행복감 같은 것을 안고 혼자 살 수 있다면 참 좋겠다는 라는 생각을 해본 경험이 있다. 그럴 수 없다는 것을 너무 잘 알면서도 마치 실현할 수 있을 것처럼 느꼈던 과거 한때가 있어 지금의 눈으로 과거를 본다는 것은 과거 그 자체가 아니다. 이미 나는 그때보다 많은 세월을 지나면서 그때 경험해 보지 못했던 경험을 새롭게 해 나온 지금인데 이렇게 축적된 경험적 사고를 하고 과거를 생각한다면 눈높이가 다르다. 이런 시각에서 부모님을 생각한다면 그때 내가 왜 부모님을 그렇게 생각했을까? 라는 후회와 아쉬움 같은 것을 느낄 때가 많아진다. 앞서 지적했듯이 그때 그 나이에 지금과 같은 생각을 할 수 없었기 때문에 그렇다.

나는 외동아들로 자랐다. 외동아들은 자라서 그 집안을 이끌어 가야 할 호주가 될 때니 여간 귀하고 중요한 아들이 아닐 수가 없다. 지금은 많은 경우, 외동아들 아니면 외동딸도 많지만 내가 자라던 시절은 아무리 작아도 5~6명의 형제와 함께 자란다. 할머니 세대는 이보다 더 많다. 우리 할머니도 12남매를 혼자 낳으셨다. 이런 사회적인 환경이었으니 외동아들은 상대적으로 귀할 수밖에 없다.

외동아들은 버릇이 없다고 하는 사회적인 통념이 있었다. 외동아들 귀여워하면 할아버지 상투 잡는다는 속담도 있다. 이는 버릇이 없다는 뜻이다. 예를 중시하던 유교 사회에서 손자가 할아버지 상투를 잡는다는 것은 생각해 볼 수도 없는 일인데 그런 짓을 하는 게 외동아들이다. 또 다른 편견 하나는 아비 없는 자식 말하자면 남편을 먼저 떠나보낸 미망인의 아들이다.

보통 가정 교육은 부모가 함께하는 것이지만 자녀에게 먼저 그리고 자주 접하게 되는 어머니로부터 교육이 시작된다. 아버지는 어린이가 자라서 사회화되는 과정에 이르면 교육적인 영향을 주게 된다. 말하자면 사회적 윤리나 양심이 성장하는데 결정적인 영향을 주는 것이 아버지의 교육이다. 그러니 아버지 없이 자란다고 하는 것은 이런 사회적인 윤리와 양심이 보고 배울 대상이 없으니 망나니 같은 짓을 하게 된다는 편견이다. 둘 다 편견이긴 하지만 내가 자랄 당시에는 편견이라기보다 사회적인 정설 같은 통념으로 받아들이면서 살아갈 때이다. 이런 설명을 한 뜻은 내가 어머니에 대해서 가졌던 나 나름의 생각을 되돌아보면서 진작 알았더라면 하는 생각이 들어서다.

나는 아버지보다 어머니가 더 무서웠다. 어머니에게서 들은 교육은 무엇무엇을 하지 말라는 것이 많았고, 무엇을 하라고 하는 말은 많이 듣지 못했다. 외동아들인데 다른 친구들과 제재가 많으니 불만스러움도 있었지만 순종했다.

아버지가 돌아가셨는데 보통은 어머니 혼자 감당하기가 어려우니 자녀 교육에 제안이 좀 풀리는게 보통이었었는데 나의 어머니는 외동아들 때 보다 제재하는 범위가 더욱 강화되었다. 많은 불만이 있었지만, 그것도 순종했다. 왜 나에게만 이렇게 할까? 그런 의문은 있었지만 항거하지도, 이유를 물어보지도 못했다.

내가 정신과 전문의가 되고 많은 환자를 보면서 내 마음을 다른 사람 마음보듯이 객관화하는 수련을 많이 받았기 때문에 어머니에 대한 내 생각을 객관화해 보았다. 생각나는 것은 내가 결혼할때 대구에 모 일간 신문 사설에 어머니의 이야기가 실렸다. 요약하면 혼자 힘으로 외동아들이고 '편모슬하'에서 훌륭하게 키웠다는 내용이다. 지금 생각하면 당시의 편견이 나에게 덧씌워지지 않도록 나를 교육하다 보니 그런 엄한 울타리 속에서 자랐던게 아닌가 생각된다. 나중에 안 일이지만 그 사설에는 어머니를 칭찬하는 것을 내 세워 당시의 편견을 없애려고 계몽했던 칼럼이 아니었던가 라는 생각을 해보았다. 어머니는 나를 외동아들답지 않게 또 미망인의 아들답지 않게 반듯한 인격체로 키워주고 싶었던 것일 것이다.

왜 그때는 그것을 몰랐을까? 라는 질문이 꼬리를 물고 연상 되지만 늦게나마 그런 어머니의 마음을 알아차릴 수 있었다는게 나는 기쁘다. 철이 들었으니까.

아, 삶의 스승이
시간이었구나!

: '세월이 약이다.'란 말이 있다. 이 말의 뜻은 '삶의 어려움에는 좌절, 갈등과 같은 것도 시간이 지나면 그 농도가 옅어져서 극복할 수 있다는' 말일 것이다. 이 말은 길게 쓰다 보면 다 맞는 이야기이다.

삶에 지쳐서 발등에 떨어지는 불만 보고 산다면 긴 세월 뒤에 치유된다는 희망은 가질 수 없을 것이다. 나는 이 말에 빗대어 약이란 말을 스승이란 말로 대입해 보고 싶다. 내가 이런 생각을 하게 된 것은 그때는 몰랐는데 세월이 지나놓고 보니 알겠다는 말을 하는 분들이 많이 있음을 보고 생각해 본, 스승이라는 단어다.

주말 가족과 함께하는 저녁 식사 시간에 궁금해서 하나

물어보았다. 요즘 중·고등학생들도 옛날처럼 머리를 빡빡 깎고 다니느냐고 물었더니 그렇지 않단다. 자유롭게 머리를 기르기 때문에 일반 사람들과 구분하기가 어렵단다. 세월이 그렇게 변했구나! 나는 초등학교 입학 때부터 중·고등학교에 이를 때까지 항상 머리는 빡빡 깎고 다녔다. 나만 그런 것이 아니라 그 당시 학생들은 모두 그랬다. 연상되는 생각이 하나 있다. 고등학교 시절 이야기인데 학생회장 선거가 있었다. 후보자가 여럿이니 학생들 앞에 나와 자신의 의견을 말하는 시간을 가졌는데 한 친구가 이런 말을 했다. "내가 회장이 되면 머리를 자유롭게 기르도록 하겠습니다." 우리는 손뼉을 치면서 환영했다. 그러나 마음속으로는 그 말이 정상적으로 들리지 않았다. 까까머리에 익숙해진 우리는 우스갯소리로만 듣고 넘겼다.

김옥길 문교부 장관 시절에 폭탄선언을 했다. 학생들의 두 발과 교복을 자율화하는 말이다. 찬반이 갈려 격론을 벌였던 기억이 난다. 마침 그때 한 고등학교에 초청되어 강연했는데 교장실에서 차 대접을 받았다. 문교부 장관의 선언에도 불구하고 이 학교에는 아직도 까까머리이고 교복 일색이었다. 왜 문교부 장관이 자율화하라고 했는데 아직도 옛날 그대로인가? 왜 그러느냐고 물었다. 교장 선생님의 대답은 "문교부에서 어떻게 자율화하라는 지시가 없으므로 기다리고 있다." 자율화하라고 하는 것이 지시인데…. 이것은 오래도록 우리 머릿속에 박혀있는 관습이고 또 행동으로 실천해 왔던 것이기 때문에 자율화라는 단어의 뜻도 경직되게 인식하고 있었음이 틀림이 없다.

의식과 행동은 한번 습관화되면 새로운 인식과 행동으로 바뀌어 나아가기는 대단히 어렵다. 지금까지 내려오던 관습대로 해 나아가고자 하는 사람들은 저항에 부딪힌다. 변화를 이끌어 가는 사람이 있는가 하면, 변화를 따라가는 사람도 있고, 끝까지 그 변화에 대해서 저항하는 사람도 있다. 부분적으로는 그 모든 사람의 주장이 옳긴 하지만 세월이 앞으로 흘러간다는 사실만 우리가 인식하더라도 변화에 대한 것은 거부할 수 없을 것이다.

우리가 19세기를 청산하고 20세기에 돌입하면서 제일 많이 외친 소리가 변해야 산다. 라는 주제였다. 그때 많은 사람은 어떻게 변해야 한다는 구체적인 생각은 없었다고 하더라도 세월 따라 무엇인가 변해 나가야 한다는 큰 틀에서는 무리 없이 받아들였다. 어떻게 변해야 한다는 강론에 가서는 여러 가지 이론이 있었지만 어쨌든 세월 따라 변해야 한다는 것은 물이 낮은 곳으로 찾아 흘러가는 것처럼 순리라고 생각했다.

가족들로 들은 중고등학생의 두발이 일반인들과 구분하기 어렵게 되었다는 말은 나에게는 좀 놀라운 일이었다. 왜냐하면, 영원히 바뀌지 않을 것 같은 분위기 속에서 자란 내 생각이었기 때문에. 그래서 하나 더 물었다. "여학생들은 어떻게 되었냐?" 내가 다닐 때의 여학생들은 단발머리 일색이었기 때문에 어떻게 변했는지 궁금하다. 가족의 말은 여학생은 파마도 하고 머리 염색도 하고 옅은 화장도 하고 다닌단다. 더 놀랍다. 내가 놀랍다고 한 것은 그때 우리로서는 생각해 볼 수도 없었던 현상인데 세월이 흐르니 그렇게 되었다고 생각을 해보니 세월이 약이긴 하지만 내가 스승으로 대입시켜 본 말도 크게 틀리지 않는다. 약이 삶에 대한 치유 기능이 있다면 스승은 우리들의 삶을 변화 시켜주는 힘을 가진 것이다.
세월은 앞을 향하여 흐르지, 뒤로 흐르지는 않는다. 지나놓고 보면 쉬운 일이 많은데 그때는 그 일이 왜 그렇게 어렵게 느껴졌을까?

세월은 우리에게 약도 되고, 스승이 된다는 것을 항상 마음에 두고 살아갈 수 있다면 삶은 좀 더 풍요로워지지 않을까?

오늘도 감사한 일을 적게 되는
나의 행복 노트

: 소학행이라는 유행어가 있었다. 작지만 확실한 행복이라는 말의 준말이라고 한다. 나는 한때 이 신조어에 매료되어 강연에 소개한 적도 있고 글을 쓰면서 여러 글에 인용한 적도 있다. 내 지론은 작은 행복이 쌓이고 쌓이면 큰 행복이 될 수 있다는 논리다. 한 꼭지, 한 꼭지 글을 쓰다 보면 책이 한 권이 되는 그것과 마찬가지 이치로 해석했다. 그리고 그것을 즐겼다.

오늘도 사무실로 전화 한 통이 걸려 왔다. 받아 보니 내 매제다. 내 매제는 나와 중·고등학교 동창이기도 하다. 사무실로 걸려 오는 전화도 이에 뜸한 처지에 반가운 전화다. 내 매제는 연전에 상처했다. 이 말은 곧 내 누이동생이 타계했다는 뜻이다. 나도 마음이 아프지만, 부부간이었던 매제의 마음은 나보다 더했으면 더했지, 적지 않은 슬픔을 지냈을 것이다.

그가 아는 사람들의 전화번호를 입력해 놓고 전화를 거는 것이 일과처럼 되어 있다. 그중에 나에게 거는 전화번호가 1번에 저장되어 있다. 통화 내용은 항상 일정하다. 잘 있느냐는 안부 전화다. 그도 그럴 것이 그나 나나 나이가 많으니 실감 나는 안부다.

온종일 걸려 오는 전화도 한 통 없다. 이렇게 생각해 보자 얼마나 답답하겠는가? 오늘 걸려 온 전화의 내용은 자기가 내 사무실까지 오려고 하는데 광화문에서 어떤 버스를 갈아타면 되느냐는 문의다. 그가 사는 집은 용인이다. 용인에서 광화문까지 오는 차편이야 많다. 버스도 있고 전철은 무료이고, 요금은 많이 나오겠지만 택시를 타도 된다. 그런데 요즘 그의 행동으로 보아서 광화문까지 어떻게 찾아올까? 라는 걱정은 평소에도 하고 있었으나 오늘 전화를 받으면서 그런 생각은 어디로 가버리고 반가운 생각이 앞섰다. 반가운 생각이 앞서다 보니 광화문까지 나오는 어려움은 생각지도 못했다.

광화문에 내려서 사무실까지 오는 방법을 그전에도 여러 번 알려준 바가 있으니 한 번도 오지는 못했다. 근데 그 길을 또 묻는다. 나는 나를 도와주는 민 선생에게 자세히 사무실로 오는 길을 알려주고 버스를 탄다면 몇 번 버스를 타라고 알려주라고 전화를 바꾸어 주었다. 내가 설명하기보다 훨씬 알아듣기 쉽게 설명할 수 있을 것 같아 전화를 넘겼다.

민 선생 이야기도 광화문에서부터 사무실까지 오는 교통편을 자세히 일러 주면서 광화문에 도착하면 다시 전화 연락을 하면 알려주겠다는 대답으로 전화를 끊었다.

나는 마음속으로 오늘 좋은 일이 하나 생기겠구나, 하면서 기다렸다. 내가 그런 상상에 빠져있는 동안 상황은 엉뚱한 방향으로 번져갔다. 민 선생이 내 큰 딸에게 연락하여 매제가 광화문까지 오는 것을 말리라고 했다. 내가 미처 생각하지 못했던 용인에서 광화문까지 오는 어려움을 간파했을 것이다. 그 전에 아파트 단지 내를 산책하다 집을 찾지 못해 헤맸다는 이야기도 매제에게서 들었는데 용인에서 광화문까지 오는 것을 마땅히 내가 말렸어야 하는 것임에도 불구하고 만난다는 즐거움에 나도 모르게 오라고 한 것이다.

딸이 고모부에게 급히 전화했다. 전화한 뜻은 자기 아파트 단지 내에서 길을 잃었다는 이야기를 그도 들은 적이 있으므로 오는 것을 말리려고 전화를 했단다. 그랬더니 대답이 걸작이다. "어디 나가려고 옷을 갈아입었는데 내가 어디로 가려고 옷을 갈아입었는지 모르겠다."라고 했단다. 그때야 전화를 해서 나에게 오겠다는 이야기를 했다. 민 선생 덕에 실종될 뻔했던 노인 하나를 구제했으니 즐거운 일이다.

나는 또 상상의 나래를 펴봤다. 내 사무실까지 오기가 어렵다면 광화문 근처 어디에서 만나자고 약속을 하고 만나자고 했으면 하는 생각인데 나는 시각장애를 앓고 있으니 혼자 움직이기가 어렵다. 그럼에도 불구하고 그런 약속을 했다면 두 노인이 동시에 실종될 뻔한 것이 아닌가? '창문 넘어 도망친 100세 노인'이란 영화가 있었다. 100세 생일을 맞아 창문 넘어 탈출하여 벌리는 아주 코믹한 내용이다. 우리 둘이 동반 실종되었다면 어떤 코믹한 연출을 했을까?

한때 유행했던 사오정 같은 행동을 하지 않았을까? 그런 상상을 해보니 상상이라 그런지 몰라도 재미있다. 그래서 매제와 다시 연락해서 둘이 합의를 했다. 첫째, 자녀들의 말을 듣자. 둘이 함께 나가 실종된 사오정이 되기보다 자녀의 말을 듣고 예방한 것이 좋겠다고 그래서 합의 본 내용은 매제가 아들이 출근하는 편에 사무실까지 태워다 달라고 하라고 했다. 그렇게 오면 나하고 이런저런 이야기를 하다가, 놀다 갈 때는 우리 집 식구가 용인까지 데려다주기로 그런 약속을 했다. 그나 나나 자녀들 인편에 서로 실려 왔다가 실려 가는 것을 약속했다. 자녀들은 흔쾌히 승낙했다. 태워다 주고, 태워서 오고 그런 것이 실종된 부모를 경험하는 것보다. 훨씬 안전하고 예방적인 부분이 있으므로 쉽게 승낙을 해주었다.

옛말에 어려서는 부모의 말을 듣고, 젊어서는 배우자의 말을 듣고, 나이가 들면 자녀의 말을 들으라는 내용인데, 삶을 살다 보니 그 말이 하나도 틀리지 않는다. 나이가 들어 고집을 피우면서 실종되기보다 자녀의 말을 듣고 작지만, 확실한 행복감을 누려 보는 것이 현명하지 않을까? 오늘도 그 전화 한 통 때문에 이 원고 한 꼭지 쓸 수 있다는 것이 행복하다.

Chapter 5

예순의 품격, 어른이 되니
괜찮은 것 투성이다

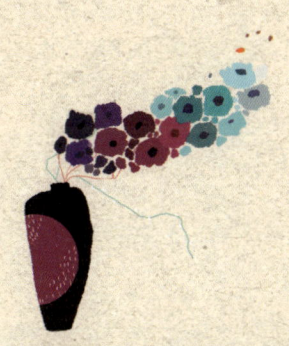

모든 순간이 선물임을 깨닫는
성숙함의 다른 이름, 어른

흘러가는 강물처럼,
삶은 알아서 길을 찾아간다.

: 오래전 기억이다. 한 잡지사에서 나하고 인터뷰를 한 적이 있다. 내용은 기억이 안 나는데 아마도 정신건강이나 성교육에 관한 내용이 아니었을까 싶다. 그 이유는 대체로 나를 찾아오는 면담자들은 정신과에 대한 편견을 없애기 위하여 많은 인터뷰를 요청했었고, 성교육은 당시에 가족계획이 한참 열을 올리고 있을 때니까 그런 내용이 아닌가 싶다. 그런데 나를 찾아온 그 기자는 인터뷰를 마치고 불쑥 붓 한 자루를 내민다.

요지는 이 붓으로 내가 평소에 살아온 집안의 가훈이라 할까 아니면 나 자신이 지향하고 살아온 신조가 무엇이었는지 써 달란다. 인터뷰 기사에 함께 싣겠단다.

갑작스러운 이런 제안에 나는 조금 당황했다. 당황했다는 뜻은 붓글씨는 어릴 때부터 익숙하게 써온 것이기 때문에 당황할 이유는 없었고 그 내용이다. 어떤 신조를 지니고 살아왔느냐는 질문에 대해 당황스러움이다. 잠깐 되돌아보았다. 정말 나는 어떤 신조를 지니고 살아왔을까?

얼른 떠오르지 않는다. 붓을 들고 한참 망설이다. 나는 이렇게 썼다. "산 절로, 물 절로." 이런 단어들이 있을 턱이 없다. 그런데 나는 이런 말로 표시한 뜻은 산이 의연하듯이 물이 잔잔히 흐르듯이, 말하자면 자연에 수능 하여 순리대로 살고 싶다는 생각이 떠올라 산처럼, 냇물처럼 그런 생각을 했는데 무엇무엇처럼이라는 말을 바꾸어 절로라는 말로 대체했다. 절로라는 말은 저절로라는 말이다. 저절로라는 말은 자연스럽다는 말이다. 인위적인 노력이 없다고 하더라도 물결 타고 흐르는 대로 살아가 그렇게 자연스럽게 살아 가 보자는 뜻을 담았다. 이런 글은 한 번도 생각하고 살아간 적은 없다. 기자가 요청해서 써준 글이니 만일 그 기자가 인터뷰 전에 그런 요청을 한다면 모르긴 해도 그런 말은 써 주지 않았을 것이다.

고대 동양사람들은 한때 산 하면 신선부터 생각했다. '인위를 버리고 자연으로 돌아가라.'라는 사상이 팽배했던 때가 있다. 내가 써준 글귀는 이런 생각이 아마도 밑바탕이 되지 않았나 싶다. 근데 지금은 그렇게 쓸 수가 없다. 왜냐하면, 세월이 많이 흘렀고 세월이 흐르면 주변 환경도 바뀌고, 환경이 바뀌면 그 환경에 적응하는 사람들의 삶의 방법도 바뀐다. 삶의 방법이 바뀌다 보니 살아가고자 하는 욕구도 달라진다. 그러니 내가 옛날처럼 '산 절로, 물 절로'이라고 재탕할 수는 없다. 그러면 어떻게 하란 말인가? 라는 질문을 스스로 던져본다. 옛날 글귀를 살리자면 그때는 자연의 순리를 강조했지만, 지금은 인위적인 순리를 강조할 수밖에 없다. 그동안 사람이 이룩해 놓은 인위적인 여러 흔적은 진화라는 이름으로 포장하여 발전에 발전을 거듭해 왔다. 다른 말로 하면 이런 단어가 있을지는 모르겠으나 인위적인 자연을 만들어 낸 것이다.

옛 철학자들은 인간의 예술 행동을 자연의 모방이라고 말하는 사람들이 많다. 지금의 현실은 그 모방을 뛰어넘어 새로운 인공적인 자연을 만들게 되었으니 내 생각도 많이 바뀌었다. 물론 이런 발전은 단계적으로 이루어진 결과이긴 하겠지만, 이렇게 진화해 간다면 그 종점은 어디까지일까? 라는 상상으로 나래를 펴본다. 한마디로 사람은 사람의 삶을 편리하게 이끌어 나아가기 위해서 새로운 인위적인 자연을 만들어 냈지만, 그 결과는 긍정적인 면도 있지마는 부정적인 면도 많다.

사람이 있고 사람이 사람을 복제할 수도 있고, 급기야는 인공지능(AI)이라는 인간을 만들어, 사람도 여러 종류가 생겨난 것이다. 그렇다면 이런 변화에 적응하지 않고 살아간다면 도태되고 말 것이다. 그렇다면 '복제인간 절로, 인공지능 절로'라는 괴상한 말로 대체할 수밖에 없다. 그런 말 역시 근본을 생각한다면 순리대로 살자는 뜻이었는데 지금은 그 순리가 바뀐 것이다.

이미 우리는 과거에는 생각하지도 못했던 환경으로 바뀌었는데, 그것도 인간 스스로가 만들어서 바뀌었으니, 거기에도 순리가 있지 않겠는가? 복잡한 미래는 예측하기 어려우나 우선 우리 앞에 놓인 이 인위적인 자연에 순응하는 적응부터 배워나가야 하겠다. 그리고 주변에 적응한다는 다른 말은 생존을 위한 수단이다.

여전히 나를 사랑하는 법을
배우는 중입니다

: 출판사에서 신간 서적 한 권을 보내왔다. 생각 같아서는 당장 들고 읽고 싶었으나 시력에 장애가 있어 읽을 수가 없다. 나를 도와주는 민 선생에게 부탁하여 서문과 내용을 몇 꼭지를 읽어 달라고 주문했다. 민 선생은 나를 도와 내 눈의 역할을 대신해 주는 분이다.

나는 그분이 읽어 주는 글의 내용을 귀로 들으면서 즐긴다. 책의 내용이 내가 공감할 수 있는 이야기면 더욱 즐겁다. 한번은 글을 읽는 도중에 민 선생이 기침을 했다. 한두 번이 아니라 매번 했다. 그러고 보니 목도 그전 같지 않게 가라앉은 목소리다. 그래서 나는 서랍 속에 있는 목캔디를 하나 집어 민 선생에게 드렸다. 목캔디는 그냥 캔디가 아니라 소염제가 들어있는 목감기 치료용 캔디다. 민 선생은 그 캔디를 녹여 먹으면서 내가 요구하는 글을 모두 읽어 주었다. 즐겁다. 내가 공감하는 부분이 많았기 때문에 더욱 즐거웠다. 일과를 마치고 퇴근하여 집으로 돌아왔는데 왠지 마음이 좀 무겁다. 이상하다. 낮에 민 선생이 재미있는 글도 읽어 주었는데, 그 글을 들을 때 즐겁고 행복했다고 표현해도 좋을 만큼의 기분이었는데, 왜 퇴근하자 무거운 마음일까? 전혀 걸맞지 않은 느낌이다.

저녁을 먹으면서 곰곰이 생각해 보니 내 마음이 무거운 이유를 찾았다. 내가 글을 듣기가 재미가 나고 유쾌했으니 민 선생이 고통스럽게 기침하는 것도 들으면서 그 고통을 가볍게 목캔디 하나로 해결하려고 했으니 그게 마음에 걸렸었나 보다. 내 즐거움을 이어가기 위해서 상대방의 고통을 외면하다니… 그래서 나는 마음이 무거웠나 보다. 마음이 무겁기는 하지만 그 또한 나에게 새로운 깨우침을 주었으니 고마운 일이다.

나는 일생을 통하여 소위 봉사라는 이름이 붙은 여러 일을 지속해 왔다. 처음에 내가 생각한 봉사는 내가 가진 것을 필요한 다른 사람에게 나뉘어 주는 그것으로 생각했다. 내가 의과대학을 졸업하고 의사가 되어 환자를 돌본 것도 따지고 보면 봉사다. 내가 배운 능력을 갖추고 병으로 고통받는 사람을 도와주었으니, 봉사가 아니겠는가? 그리고 이와 연관해서 파생되는 여러 형태의 봉사에 참여했다. 그중 하나는 겨울 방학을 이용하여 학생들과 교수님들과 어울려 네팔 의료 봉사단이란 것을 만들어 1989년부터 2001년까지 해마다 네팔의 히말라야 산중을 찾아 무의촌 진료를 봉사해 주었다. 그때의 내 생각은 제약 회사로부터 약품을 기증받아 우리가 가서 환자를 돌봐주는 것을 의료봉사라고 생각했다. 주는 그것으로 생각했다.

여러 번 네팔을 찾아가다 보니 봉사에 대한 개념이 달라졌다. 우리가 아무리 좋은 약품을 가지고 환자를 돌본다고 하더라도 돌볼 수 있도록 준비를 해 주지 않으면 봉사할 수가 없다. 이 봉사를 네팔에서 주선해 주었던 분의 말씀을 들으니 자기들은 우리가 와서 보람 있는 봉사를 하고 갈 수 있도록 준비를 철저히 해 준다는 것이다. 맞는 말이다. 그러니 그분의 말씀은 우리가 약품을 짊어지고 가서 환자를 치료해 주는 것이나 자신들이 우리를 편안하게 진료할 수 있도록 돕는 것이나 같은 수준의 봉사라고 했다. 나는 그때 깨달았다. 봉사란 주는 것이 아니라 상호 주고받는 것이라고, 나의 봉사에 대한 개념이 그 봉사를 통하여 좀 더 넓어진 것이다.

초기의 봉사는 주는 것만이 봉사라고 생각했으니, 마음속으로 우쭐한 기분도 있었다. 네팔에서 터득한 생각을 비추면 유치한 생각이다. 네팔에서의 통찰은 나로하여금 한 단계 높은 수준의 봉사를 할 수 있도록 만들어 주었다.

네팔에서 그분들과 헤어질 때 내가 꼭 두고 온 말이 있다. "우리들은 얼마 되지 않는 약품을 가지고 여러분들에게 진료하는 봉사를 했습니다. 그러나 돌아갈 때는 눈에 보이지 않는 많은 깨우침을 가지고 돌아갈 수 있으니, 되로 주고 말로 받아 가는 셈입니다." 이런 말로 나의 봉사에 대한 변화된 마음을 표현했다. 이런 경험이 있는 나로서 민 선생이 기침하면서 고통스러워하는 것을 외면하고 목캔디 하나를 주면서 끝까지 읽게 했던 것이 마음에 걸렸다. 그로 미루어 보면 '여전히 나를 사랑하는 법을 배우는 중입니다.' 민 선생으로 인하여 배운 점은 내가 봉사에 대한 개념 플러스알파다. 그 알파는 봉사란 상호적이고 배려하는 마음인 것을 깨닫게 해 준 것이다. 그 배려도 측은지심(惻隱之心 : 인간의 본성에서 우러나오는 마음씨로, 다른 사람의 불행을 불쌍히 여기는 마음을 이른다)이 바탕이 된다는 것을 새삼 깨닫게 해 주었으니 감사하고 감사한 일이 아니겠는가.

모든 감정은
나를 키우는 자양분이었다

　　　　　　　　　: 내가 성장한 과정을 보면 주변 환경에 따라서 나를 맞추어 감으로써 성장했다는 것을 알 수 있다. 나한테 주어진 상황을 역행하려고 애를 써본 경험도 있었으나 결국은 주변 환경과 적절하게 어울리게 되면서 적응해 나갔다. 흔히 어른들은 이런 현상을 두고 어린이는 어른 같은 적응 능력이 부족하여서 느낌이 없을 것이라고 말하는 이들이 많다.

기본적으로 태어날 때부터 감각기관인 오관을 가지고 태어났으니 자극을 받는 내용을 오관을 통하여 수용하고 중추신경에 전달하는 기능은 갖고 있다. 어른 만큼 느낌을 많이 가질 수는 없겠지만 어린아이라서 느낌이 없다는 통념은 좀 잘못된 것이다. 자녀를 키우고 보면 말도 할 줄 모를 때 자기 느낌을 표현하는 것은 우는 방법밖에 없다.

무엇을 고통스럽게 느꼈으니까 우는 것이다. 아기가 고통스러운 환경은 배가 고프거나, 배변을 통해 불편감을 느끼거나, 아니면 몸이 아파서 고통스러우면 울게 된다.

내가 인턴 때 경험한 일화 하나는 시골 마을에 정신과 환자만 모아서 진료한 적이 있다. 감사하다는 마을 사람들이 생각을 모아 어느 집에 초청되어 저녁을 먹게 되었다.

집은 옛날 양반 집으로 반듯한 고택이었었는데 안방마님이 우리를 대접했다. 건넛방에서 아기 울음소리가 난다. 그 마님은 부엌에서 일하는 며느리를 부른다. "아가! 아기 배고프다 젖 먹여라." 일정한 간격을 두고 비슷한 말을 했다. "아가! 아기 기저귀 갈아줘라.". "아가! 애가 어디 아픈가 보다." 울음소리 하나를 듣고 이것을 구분하는 것을 보고 며느리에게 물어보니 시어머니가 하는 지적이 맞는단다. 이런 경험을 미루어 본다면 아기도 아기 나름의 느낌이 있는 감정이 있다는 것을 말해 주고 있다. 이와 비슷한 경험을 나 자신이 해본 경험이 있다. 하나는 외할아버지 회갑 때 시골에 갔었는데 밤에 자다가 어머니의 젖을 만지고 잦는데 어쩐지 낯선 느낌이 들어 눈을 뜨고 보니 어머니가 아니다. 외숙모다. 이게 도대체 몇 살 때 기억인지 회갑 때 찍은 사진을 보니 돌은 지났을 것 같은 꼬마였다. 그런데 그런 느낌이 나에게 선명하게 남아있는 것을 보면 어린이도 감성이 없다고 하는 말은 잘못 인식된 것이다.

다른 한 경험은 내가 교수로 있으면서 입양아를 스웨덴의 스톡홀롬까지 양부모에게 데려다주는 봉사를 한 적이 있다. 내 직업이 의사이다 보니 입양 갈 때 질병을 앓고 있는 아기들만 모아 우리 내외가 여섯 명을 데리고 갔다. 10시간도 넘는 비행기를 타고 가면서 때맞추어 우유를 먹이고, 약을 먹이느라 바빴다. 처음에는 규칙적으로 안내서에 있는 대로 우유도 먹이고, 약도 먹었으니 시간이 흐를수록 생각지 않은 사태가 많이 일어났다. 거기에 매달리다 보니 안내서대로 해 나아갈 수가 없다.

비행기는 중간 기착지에서 갈아타게 되었는데, 갈아타고

보니 40명 정도 승객이 탄 작은 비행기이다. 비행기를 갈아타서 그런지 아기 하나가 울음을 터뜨렸다. 온 비행기 안이 떠나갈 듯이 시끄럽게 울었다. 베이비시터를 맡은 승무원이 와서 아기를 안고 달래 보지만 허사다. 함께 탄 많은 승객에게 나는 미안한 마음이 많았으나 어떻게 해볼 수가 없다. 베이비시터가 노력해도 안 되는 일을 내가 어떻게 한단 말인가? 그래서 베이비시터 승무원에게 미안한 나머지 아기를 내가 받아 안고 달래 보기로 했다. 내가 아기를 건네받아 안는 순간 아기는 울음을 뚝 그쳤다. 기내의 많은 승객이 일제히 박수를 쳤다. 승객인들 왜 불편함이 없었겠는가? 그래도 배려하여 참고 있었는데 내가 안았을때 울음을 그쳤으니 나온 박수 소리일 것이다.

나는 나 나름대로 이런 해석을 해보았다. 비행기를 갈아타기 전까지 내가 안고 우유 먹이고, 약도 먹이고 하는 사이에 나한테 익숙해졌을 것이다. 나와의 신체접촉을 통하여 나의 체취도 느꼈을 것이고 나의 체온도 느꼈을 것이다. 울음을 그친 것은 아기가 느낀 이 모든 감정을 통합하여 나에게 안기고서 안도감을 느꼈을 것이다. 나는 이 경힘을 통하여 손자에게 적용해 보았다. 아들이 유학을 마치고 돌아올 때쯤 돌도 지나지 않은 아기를 데리고 며느리가 남편 따라서 왔다. 나는 카세트테이프 녹음기를 하나 사서 한 시간짜리 작품을 만들었다. 내가 손자 이름을 자주 부르고 때로는 노래도 하고 동화도 들려주었다. 여기에 담긴 내용을 돌도 지나지 않은 손자가 알아들을 수는 없겠지만 종일 손자에게 조용히 틀어 주라고 했다.

이들이 귀국할 때 양가에서 많은 분이 마중을 나갔다. 그런데 손자가 울기 시작했다. 모든 사람이 한 번씩 안고 달래 보았지만, 울음이 그치지 않는다. 내가 곁에 가서 조용히 손자 이름을 불렀다, 그랬더니 울음이 그치고 나에게 와서 안긴다. 이 모든 경험은 아기가 알아듣지 못한다고 하지만 그 자극에 대해 반응한다는 것이다. 이런 생각을 바탕에 두고 나 자신을 회상해 본다면 모든 감정은 나를 키우는 자양분이 되었다는 것을 새삼 느끼게 되었다. 물론 아기 때와 청년 때 그리고 지금의 느낌이 다를 수는 있겠지만 그 감성이 내가 지금이 있게 성장시킨 자양분이 되었음에는 틀림이 없다.

사람들은 어떤 자양분을 먹고 자랐느냐에 따라 삶이 달라지고 성격이 달라지고 그래서 지금에 이르는 것이다.

감정은 인간을 성장시키는 가장 기초적인 자양분이다.

세월은 최고의
처방전을 써 준다

: SNS에 떠도는 일화 하나가 생각난다. 그 일화의 내용을 요약하면 이렇다. 노인을 상대로 한, 한 강의에서 강사가 노인들에게 물었다. 미움에 관한 이야기이다. 한 노인이 대답하기를 자기는 젊었을 때 많은 사람을 미워하고 저주하고 지냈던 경험을 말하면서 이렇게 노인이 되고 보니 그 미움도 자신도 모르게 사라졌단다. 생각하면 노인이 되는 동안 미워했던 대상들이 하나둘씩 세상을 떠나고 보니 자연스럽게 미움이 사라졌단다. '세월이 약'이라는 말이 걸맞은 에피소드다.

우리는 자신의 삶 가운데 한때는 이런 미움이나 갈등 등 삶의 고통에서 허우적거린 경험을 많이 가지고 있을 것이다. 그것을 해결하려고 직면하는 사람들도 있을 것이고,

피해 보려고 하는 사람도 있을 것이고, 다양한 적응을 통하여 그런 고통에서 벗어나려고 애를 쓰면서 살아왔다. 그러나 이런 노력에도 불구하고 미움이나 갈등을 가졌던 당시의 감정을 승화시키기에는 그리 쉬운 일이 아니다. 노인의 말씀처럼 그런 고통도 세월이 가면 자연스럽게 없어져 가는 것을 보면 약이 따로 없다. 세월이 가면 잊힌다고는 하지만 내 경험으로는 잊히지 않는다. 다만 기억에 남아있어서 그런 고통이 내 삶을 방해할 정도가 아니니 잊어버린 거나 마찬가지 효과가 있다. 좀 더 정직하게 말하면 잊히지는 않지만, 세월은 그 상황의 농도를 희석해 줌으로써 자신의 삶을 좌지우지할 만큼 영향을 주지 않는다는 뜻이 더 옳은 말이다. 고통스러웠던 에피소드가 비록 있었다고 하더라도 지금의 현재 내 삶을 방해하지 않는다면 그것은 세월이라는 약을 통해 치유된 것이나 마찬가지이다.

나도 1950년부터 1970년에 이르기까지 20년 동안은 내 생에서 여러 가지 이유로 생긴 고통으로 말미암아 삶에 지대한 영향을 받았었다. 그러나 지금, 이 나이가 되고 보니 문득문득 떠오르기는 하지만 그때의 고통을 실감하지는 못하겠다. 병원에 가면 진찰을 받고 약을 타자면 처방이라는 것을 받아야 한다. 처방이란 말은 '결함이나 문제를 해결하기 위해 제시된 적절한 방법'란 뜻을 가진다.

그러니 병이 나면 약을 처방받아야 하고 다른 여러 심리적인 갈등이나 소통이 있다면 그 상황을 해결할 수 있는 지혜라는 처방을 받아야 한다. 이런 생각을 하다 보니 학생 때 배운 단어 하나가 생각난다. 영어로 mothering이다. 그 뜻을 검색해 보니 '친정 나들이, 근행, 귀향' 등의 뜻이 있단다. 그런데 내가 배운 mothering은 그런 뜻이 아니다. 어머니라는 영어단어 뒤에 ing를 붙여 어머니 역할을 잘하라는 그런 뜻으로 사용되었다. 어머니 노릇을 어떻게 잘한단 말인가? 소아과나, 정신과에서 아동이나 소아의 진찰을 마치고 부모에게 처방해 주는 처방에는 약 대신에 mothering이라는 처방을 주곤 했었는데 어머니가 자녀에게 주는 사랑이 부족하다는 의미를 내포하고 있었다. 그때는 퍽 낯선 용어이기도 하고 또 이런 단어가 약 대신에 처방전에 쓰일 정도라면 부모가 자녀를 어떻게 대했기에 그런 처방이 나올까? 궁금했다. 내가 수련의 시절 한때 유행했던 mothering을 실감한 적이 있다.

대학에서 교수로 있을 때 정신과 의사는 나와 후배 교수 한 분이었다. 하루는 그 후배 교수 집에서 급한 연락이 왔다. 아기가 열이 나서 병원에 가서 주사도 맞고 약을 처방 받아 먹였는데도 열이 떨어지지 않는단다. 당시 전문직에 종사하는 여성이 그리 많지 않던 시절이라 아기를 다른 사람에게 맡기고 일하는 분들이 많았다. 나도 신혼생활 때라 그분의 사정을 공감할 수가 있었다. 문득 떠오른 mothering이라는 용어가 생각나서 나는 확신하고 그분에게 위로를 주었다. 빨리 집으로 가 보라고 했다. 아마도 집에 도착하여 아기를 안고 있으면 얼마 지나지 않아 열이 떨어질 것이라고 안심시켜 주었다. 이런 처방을 한 나의 근거는 수련의 때 배운 mothering이다. 아기를 다른 사람 손에 맡겨두고 출근하자니 가정주부가 종일 아기를 돌보는 것과는 다른 차원이다. 말하자면 mothering이라는 역할이 부족하다는 뜻이다. 두 번째로 내가 확신을 가진 것은 병원에 가서 주사도 맞고 약 처방을 받아 먹였으니 일정한 시간이 지나면 약효가 드러날 것으로 생각했기 때문에 그런 확신에 찬 위로를 드렸다. 아니나 다를까 서너 시간이 지나서 전화가 왔다. 아기의 열이 떨어지고 평온상태로 돌아왔다는 것이다.

삶에 있어서 처방은 두 가지가 있다. 신체적으로 병이 난다면 병원에 가서 약 처방을 받는 것과, 다른 하나는 삶을 온전하게 살아가기 위해서는 지혜라는 처방도 필요하다. 이런 것을 넓게 생각한다면 세월만큼 약이 되는 것도 드물다. 우리는 시간이든, 세월이든 그것을 기다리지 못하고 초라해 함으로써 불안을 더 극대화한다. 나의 삶은, 내 스스로 사는 것이지만 주변의 영향을 많이 받고 살아가는 것도 사실이다. 기왕 영향을 받는 것이라면 지혜로운 처방을 많이 받고 싶다.

그대로도
참 예쁜 당신

: 나는 환자를 볼 때마다 새로운 환자일 경우 차트에 적힌 나이부터 먼저 보는 습관이 생겼다. 물론 환자의 진찰을 위해서 알아야 할 부분이긴 하지만 그보다 나에게는 다른 의미가 있었다. 내가 나이를 먼저 보는 이유는 내 나이 또래 환자이면 더욱 그랬다. 이유는 나와 나이가 비슷하다면 내 모습도 그 환자의 얼굴과 비슷하지 않을까? 라는 상상 때문이다. 물론 사람마다 살아온 경륜이 다르고 생각과 행동, 감정이 다르다면 꼭 나와 일치해야 한다는 전제는 아니다.

내 나이 또래면 어떻게 비추어질까? 라는 폭넓은 생각에서 그런 상상을 하면서 환자를 보았다. 말하자면 또 다른 나 자신을 보는 느낌이다. 그런 때문일까? 소크라테스가

'너 자신을 알라'라고 말한 이래 많은 철학자가 똑같은 내용의 말을 달리 표현한 적이 많다. 지금도 그렇다. 그런 뜻에서 내가 내 자신을 알아보는 방법의 하나로 그런 진찰을 했던 것이다. 말하자면 내 마음을 마음속에만 품고 있다고 알게 되는 것이 아니다. 그렇다고 마음이란 어떤 형체가 있어서 시각적으로 볼 수 있는 것도 아니다. 그렇다면 내 마음속에 있는 마음을 내가 볼 수 있도록 끄집어내어 타인으로 보듯이 할 수만 있다면 품고 있는 것보다는 좀 더 객관적으로 나를 볼 방법이 될 것이다. 많은 수도자가 수행하는 것도 궁극적으로는 자기 자신을 바로 알려는 몸부림일 것이다.

요즘 나이 들어 내가 하는 일은 책을 출판하기 위하여 원고를 쓴다든지 유튜브에 초청되어 강연하는 일로 소일하고 있다. 한번은 유튜브에 초청되어 강연했더니 댓글이 많이 올라온다. 댓글을 읽다 보니 이런 댓글이 하나 있다. "나이치고는 참 귀엽다." 나는 이 댓글을 읽으면서 폭소를 터뜨렸다. 이 나이의 노인에게 귀엽다는 말은 걸맞지 않은 이야기이다. 그 댓글을 단 분은 아마도 그 말 뒤에 숨겨진 또 하고 싶은 말이 있었을 것이다. 짐작할 수는 없으나 나에게 내 자신의 마음을 읽어 보라고 느껴져 즐겁게 읽었다.

나는 네팔에 매년 들렀던 적이 있다. 그때 네팔 주재 한국 대사관에서 우연히 윤주영(1928~2025) 선생을 만났다. 그분은 전두환 대통령 시절 문공부 장관을 지낸 분으로 모 신문의 주필을 지내신 기자 출신이다. 그는 은퇴 후 사진에 취미를 붙여서 여러 나라를 다니면서 그 나라 사람들의 얼굴을 주제로 사진을 찍고 있었다. 마침 내가 갔을 때 네팔에 오셔서 네팔 사람들의 표정을 찾아 찍고 있었다. 나도 네팔 문화에 심취하여 많은 에세이를 쓰면서 사진으로 삽화를 대신했는데 주로 문화유적이나 네팔 사람들의 생활을 주제로 찍고 있었다. 둘이 처음 만났지만, 사진을 찍는다는 공통점에서 네팔에 있는 동안 함께 여러 곳을 다녔다. 한번은 파슈파티나트 사원을 방문했다. 이곳은 관광객에게도 널리 알려진 화장터다. 사원을 끼고 흐르는 바그마티 강둑에 화장할 수 있는 사각형이나, 원형의 화장터가 있다. 그분들은 내세도 있고 윤회적인 삶을 산다고 믿고 있는 터라 이곳에서 화장되어 흐르는 물에 흘려보내면 갠지스강으로 연결되어 인도양으로 들어간다. 그것이 그분들의 최대 소망이다. 그런데 이 화장터에 강단 크기 만한 시설이 하나 붙어있는데 우리식으로 말하면 요양원 같은 곳이다. 윤 선생은 그곳에 들러 수용된 사람들의 얼굴을 찍었다. 전기가 없어서 낮에도 어두컴컴한 분위기다. 좀 음침한 분위기인데 그보다 거기에 수용된 사람들이 모두 노인들이다. 그 노인들이 얼마 지나지 않으면 바로 앞에 있는 화장장에서 불타 없어질 몸인데 살아서 그 광경을 목격하면서 무슨 생각을 하고 있을까? 이런 생각에 미치니 내 마음 더욱 암울해졌다.

귀국하여 몇 달이 지난 후 윤주영 선생으로부터 초청장이 하나 왔다. 반갑게 열어보니 인사동에서 네팔 사진 전시회를 한다는 내용이다. 네팔에 있는 동안 함께 사진을 찍으러 다녔으니 어떤 작품으로 태어났을까? 라는 궁금증을 가지고 전시장을 찾았다. 둘러보니 파슈파티나트에서 찍은 그 노인들의 얼굴이다. 나는 깜짝 놀랐다. 내가 그곳에서 느꼈던 암울한 느낌은 이 사진에서 찾아볼 수 없다. 주름살 하나 그분들의 삶의 흔적이라고 생각하니 아름답다는 느낌을 처음으로 느꼈다. 노인도 이렇게 아름다운 얼굴을 할 수 있을까? 속담에 '며느리가 미우면 발뒤꿈치가 달걀 같다.'라는 말이 있는데 이를 뒤집어 보면 노인이 예뻐 보이면 뒷말은 무엇으로 붙여야 할까? 늙으면 추해진다는 선입견은 선입견일 뿐이다. 주름살도 노인의 나이다운 삶의 흔적이다. 어떻게 살았던 그 삶의 흔적은 그 사람에게는 아름다운 것이고 그래서 이뻐 보이는 것이다.

주름살은 살아온 세월의 나이테다. 그 나이테 하나하나에는 사연이 숨겨져 있다. 아름다웠던 사연, 고통스러웠던 사연 등등 단지 살아서 나이 들어서 생긴 주름이 아니니 그 모습이 어찌 추하게 보일 수 있겠는가? 그 이마에 핀 주름살은 어떻게 보면 사람으로서 가장 아름다운 삶을 표현하는 상징이지 않을까? 보기 좋은 떡이 맛도 있다고 한다. 모진 풍파 속에서도 꿋꿋이 살아온 당신의 그 얼굴이 어찌 안 이쁘겠는가? 그 모습 그대로, 그대로 그 모습 그래서 당신들은 예쁘다.

인생은 결국
괜찮아질 일들의 연속이다.

　　　　　　　　　　: '구슬이 서 말이라도 꿰어야
보배다'라는 우리 속담이 있다. 이 속담을 우리들의 삶에
비유하여 생각하면 하루하루가 삶의 편 편이다. 긴 세월
을 산 사람은 구슬을 많이 만들었을 것이고, 짧게 일생을
마친 사람은 적은 구슬을 만들었을 것이다. 삶은 길든 짧
든 그에 걸맞은 구슬들을 만들어 내고 있다. 이 구슬은 사
람들이 각자 자기 인생을 살아가면서 만들어 낸 자기만의
구슬이다.

비슷한 구슬은 있어도 똑같은 구슬은 없다. 자기 자신이
만든 구슬조차도 똑같은 것이 없다. '열 손가락 깨물어 안
아픈 손가락이 없다'는 말도 있지만, 아픈 정도는 손가락
마다 다를 것이다. 우리가 맞이하는 삶의 하루하루가 주

어진 시간은 똑같지만, 그 시간을 통하여 만들어 내는 삶의 흔적은 다르다. 되돌아보면 나는 구슬을 참 많이 만들었다. 내가 만들어 낸 구슬이긴 하지만 만든 시기나 만들 때의 내 주변의 사정 등에 따라서 그 모양이 일정하지 않다. 다람쥐 쳇바퀴를 돌 듯이 하루하루가 그날이 그날인 것처럼 느껴질 때도 있지만 자세히 관찰하면 손가락의 아픈 정도가 다르듯이 하루하루가 새롭다. 그러니 내가 만들어 내는 구슬이 한결같지 않을 것이다. 어떤 구슬은 보기에도 아름답고 나 자신 그 구슬을 만들면서 행복감에 젖을 때도 있었고 때로는 내 감정에 따라 구슬이 모양 사납게 만들어질 때도 있었다. 곱게 만들어졌던, 보기 흉하게 만들어졌던 모두 내 손으로 만든 것이니 모양은 제각각이지만, 소중하기로 말하면 똑같다.

구슬의 모양이 아름답지 못한 것이라면 그럴만한 이유가 있을 것이다. 하나는 내 자신의 감정 상태에 따라 분노로도 표현되고, 갈등의 고통으로도 표현되고, 우울한 표현으로 되다 보니 모양이 모두 아름답지 못하게 빚어진 것이다. 다른 하나는 내 감정과는 상관없이 주변의 상황이 나로 하여금 반듯한 구슬을 만들지 못하게 하는 경우도 많다. 눌려서 모양이 둥글지 못하거나 아니면 깨어져서 모가 난 구슬도 있겠다. 우리 속담대로 구슬만 있으면 무엇하랴! 실로 꿰어 보자. 하루하루가 모여 일 년이 되고, 일 년이 모여 십 년이 되고, 십 년이 모여 일생이 된다고 하면 하루하루 삶의 결과인 구슬들을 실로 엮어 본다는 것은 일생을 엮어 보는 것이나 마찬가지이다. 그래서 속담처럼 구슬이 서 말이라도 꿰지 않으면 보배가 될 수 없다는 말이다. 이런 점에서 독자 여러분들이나 나나 모두 소중한 구슬을 하루하루 만들었으니 그 양이 어디 서 말만 되겠는가? 이 소중한 자기 삶의 족적을 실로 꿰어 보물을 만들어 보자. 그 누구도 흉내 낼 수 없는 나만의 보물이다.

비슷한 보물은 있을 수 있지만, 똑같은 보물은 하나도 없을 것이다. 그래서 우리들의 삶은 각자에게 아주 소중한 삶이 되는 것이다. 왜냐하면, 자신만의 그런 보물을 만들 수 있는 사람들이기 때문이다. 그래서 자신의 삶을 되돌아보면서 생각되는 말이 이것이다. '인생은 결국 괜찮아질 일들의 연속이다.'

이 말은 삶의 결과인 구슬 자체가 중요한 것이지, 그 구슬의 모양에는 차별을 둘 필요가 없다. 제목처럼 구슬의 모양에는 관계없이 꿰면 보배가 되듯이 삶을 지내놓고 보면 결국은 괜찮아질 또 다른 결과의 연속이다. 실로 구슬을 꿴다는 것이 그 점이다. 꿴다고 하는 것은 하나하나의 구슬을 연속시키는 작업이다. 그 연속선상에 있는 행복도 있고, 불행한 결과도 있겠지만 꿰어놓고 보니 행복이나, 불행이나 모두 한통속이다. 한 실에 꿰어진 보물들의 연속적인 변형이라고 생각된다. 곱게 다듬어진 구슬만 꿰어도 보배는 될 수 있겠지만 굴곡진 삶을 연결하여 보배를 만드는 것만 같지는 못할것이다.

이런 삶도 있고, 저런 삶도 있는 것이 인생이라면 그 모두가 나에게 시차를 두고 함께 있는 것이다. 엮어 놓고 보면 변화무쌍한 삶이니 그 보배로운 모습이 한층 더 가치 있고 빛날 것이다. 여기에 나는 하나 더 첨부하고 싶다. '천상천하 유아독존'이라는 말이 있다. 자신이 소중하고 존귀하다는 것을 말하는 것인데 문제는 자기 자신이 존엄하다는 것을 알지 못하는 데 있다. 우리가 구슬을 꿰면서 자신의 존귀함을 깨달았으면 한다. 독존이라는 말은 이 세상에 단 하나밖에 없는 자신을 말하는 것이니 소중하고 또 소중하지 않을 수 없다. 이를 알지 못한다면 지금이라도 자신이 이 세상에서 제일 존귀한 존재라는 것을 깨닫고 인식했으면 좋겠다. 우리가 이런 점을 통찰하고 인식한다면 자신의 삶은 굴곡진 삶에도 불구하고 행복의 가치를 만끽할 수 있을 것이다. 그래서 보배라는 말에 하나 더 붙이고 싶은 것은 보배보다 격이 높은 국보라는 말을 드리고 싶다. 사람들이 살아가는 제각각의 삶은 어떤 형태의 삶이건 간에 그 자신에게는 국보적인 삶이다.

평탄한 삶, 굴곡진 삶 무엇이 문제이겠는가? 주어진 시간의 연속선상에서 살아온 삶의 흔적들을 지우지만 말고 그 삶의 궤적을 반성하고, 성찰한다면 평탄한 삶은 더 평탄하게, 굴곡진 삶은 곧게 펴도록 더 다듬질하며 노력한다면 그 또한 우리들의 삶 속에서 나만의 존귀한 꽃을 피울 것이다. 자세히 봐야 길가에 핀 들국화도 아름답게 보이듯이 그것이 나의 삶을 아름답게 보는 방편이지 않을까?

완벽하지 않아
재미있는 인생

: '털어서 먼지 안나'는 사람 없다. 라는 말이 있다. 사람은 누구나 흠이라도 잡아, 먼지 털 듯이 털어 본다면 한두 가지 아니 그보다 더 많이 먼지가 날것이다. 요즘 주변을 보면 정치 싸움하는 사람들이 서로의 흠을 잡아 먼지떨이로 하는 것을 보면, 뭐 묻은 개가 뭐 묻은 개를 나무란다는 말이 떠오른다. 이런 와중에서 나도 살고 있으니 나에게 묻은 먼지를 턴다면 아마도 많이 나올 것이다. 그래서인지 내가 듣고, 두려워서 하는 말 가운데 두 가지가 생각난다.

하나는 시인 윤동주(1917~1945)가 쓴 서시다. 그 시 가운데 '하늘을 우러러 한 점 부끄러움이 없는…….' 이런 표현이 있다. 나는 이 글을 읽을 때마다 두렵다. 한 점 부끄러움이 없다는 말은 완벽하다고 나에게 들리기 때문에 몹시 부담스럽다. 다른 하나는 간통한 여자를 어떻게 하면 좋겠는가? 라는 물음에 예수님이 말씀하셨다는 그 말씀이 두렵기도 하고 위안이 되기도 한다. 예수님의 말씀은 '죄 없는 자는 이 여자를 돌로 치라.'고 하셨단다. 죄 없는 자가 어디 있겠는가? 말하자면 완벽한 사람은 없다는 뜻일 것이다. 이 말을 들은 많은 군중은 모두 잰걸음으로 제 갈 길을 갔다고 하니 군중들이 듣기에도 자기가 완벽하지 못한 것을 깨닫고 돌아갔을 것이다. 내가 두렵기도 하고 위안이 되기도 했다는 뜻은 완벽한 사람이 아마도 없을 것이라는 생각이었다. 완벽한 사람은 없어도 완벽해지려고 노력하는 사람은 있을 것 같다.

사람들은 보기에 빈틈없이 완벽하게 보이는 사람이 있는가 하면, 어딘가 인상이 좀 허술해서 만만하게 보이는 사람도 있다. 전자를 빗대어 바늘로 이마를 찔러 피 한 방울 나오지 않을 사람이라고 빗대기도 한다. 후자는 잘못하면 고문관 취급을 받아 폄하되기도 한다. 내 경험에 이런 완벽함과 연관되는 경험이 몇 가지 있다. 하나는 군의관 시절인데 퇴근 시간에 버스를 탔더니 웬 여자 한 분이 올라와서 두리번거리다가 내 옆에 와서 자기가 마음에 고통이 많아서 누구와 상의를 좀 했으면 좋겠는데 선생님 제 말 좀 들어 주시겠어요. 라고 말했다. 퇴근 시간이라 군의관이 나만 탄 것이 아닌데 그 여럿 되는 군의관 속에 내가 정신과를 한다는 것을 어떻게 알았을까? 나중에 내 친구들도 그 사람이 사람을 잘 알아본다고 놀리기도 했다. 지나놓고 보니 똑같은 군복을 입고 똑같은 군의관 배지를 달고 있는데 둘러보고 나를 선택한 것은 어딘가 말을 붙여도 대답을 해줄 것 같은 허술함이 보였기 때문일 것이다.

기실 바늘로 이마를 찔러도 피 한 방울 나지 않을 것 같은 완벽한 사람조차 정작 만나 본다면 보기와는 달리 말을 붙일만한 허수란 것을 발견할 수 있을 때가 많다.

정신과 질환 가운데 강박증 환자들이 그런 완벽증을 가지고 있는 분이 많다. 완벽하지도 않으면서 스스로 완벽하다고 생각하지 못하니, 다른 일상생활을 할 수가 없다. 일상생활을 방해받을 정도로 완벽성에 매어져 있다면 마땅히 정신 증상으로 취급될 것이고 그런 증상이 있다면 정신장애 진단이 붙을 것이다.

사람들이 완벽하지 못한 것을 빗대어 우스갯소리를 할 때 사오정 시리즈가 있었다. 사오정은 현실감이 떨어지고 보기에 따라 바보 같은 짓을 하고 그래서 사람들을 웃기게 만드는데 나도 그 이야기를 들을 때는 함께 많이 웃었다. 그런데 지나놓고 보니 내가 웃던 그 사오정이 내 경험에서 많이 발견되고 있으니, 나한테 그런 점이 있었다는 것도 모르고 그저 남의 이야기를 듣고 웃었다는 것이 생각할수록 더 웃음이 난다.

'완벽하다' 유래는 춘추전국시대 '화씨의 벽'에서 유래되었다고 한다. 무엇이 완벽이고 무엇이 허점투성인지는 아무도 모를 것이다. 아니 이제껏 살아온 나조차도 완벽하게 살려고 했는지, 아니면 좀 모자라도 그 모자람을 채워 가려고 살아왔는지 가물가물하다. 결론이 나지 않는다.

어른인 내가 어린 나에게 건넨
치유와 치료제

: 즐거운 메일이 하나 왔다. 미국에서 온 메일인데 내용은 다음과 같다. '아래와 같이 이근후 선생님 작품 영국판이 2025년도 Audie Award 파이널리스트로 선정되어 이메일 드립니다. 최종 결과는 올해 3월 발표된다고 하네요. 좋은 결과가 있길 바라며, 기쁜 소식 축하드립니다, 2025년 01월 24일.' 나는 이 메일을 받고 깜짝 놀랐다. 미국에서 2024년 1년 동안 출판되는 오디오북이 한두 가지겠는가? 그 많은 출판물을 대표해서 내가 수상자 후보로 다섯 명 가운데 끼어 있다니 놀라지 않을 수가 없다. 이를 알고 축하한다는 인사를 보내온 친지들에게 나는 한결같이 이런 대답을 했다. "감사합니다. 내가 후보가 되다니 즐거운 일이나 후보 자체만으로도 놀라운 일이고 감사할 일입니다."

이 말을 전해 들은 내가 겸손해서 그런 말을 하는 것처럼 들렸을지도 모른다. 그러나 나는 정말로 그랬다. 후보에 오르는 것만 해도 그것도 5명밖에 안 되는 후보 중 한 사람이란 것이 왜 아니 즐겁겠는가? 그러나 후보만으로도 족하다고 한 뜻은 내 나름의 경험이 하나 있기 때문이다. 내용은 좀 다른 것이지만 소개하면 이렇다. 1979년도 아내가 교환교수로 미국에 가 있는 동안 살림을 내가 맡아서 한 적이 있다. 주말을 네 자녀와 함께 어떻게 보낼까를 생각하다가 한국일보사에서 주관하는 거북이 마라톤 대회가 일요일마다 열린다는 것을 알았다. 장충동에 있는 국립극장에서 남산의 팔각정까지 왕복하는 마라톤인데 이름 대로 거북이처럼 어슬렁어슬렁 다녀오면 된다. 기록 경쟁이 아니다. 대회가 끝나면 참가자들이 옹기종기 모여 앉아 경품 추첨을 기다린다. 여러 계층에서 보내온 경품은 다양하기도 하고 값진 물건들이 많았다. 나와 4남매는 국립극장 계단에 앉아 당첨되기를 기다렸으나 꽝이다. 한 번만 그런 것이 아니라 일 년 동안 개근하면서 한 번도 당첨되어 보지 못했다. 이런 경험이 있는 나로서 후보에 오른 것만 해도 감지덕지할 일이 아닌가.

발표 전날 나를 도와주고 있는 민 선생이 오늘 밤 꿈을 잘 꾸란다. 무슨 꿈이 좋은 꿈이냐고 물었더니 돼지 꿈을 꾸라고 한다. 꿈이 어찌 내 마음대로 되는 것도 아닌데 그러면서 집으로 돌아와 민 선생의 말처럼 이왕 같은 값이면 내가 선정되는 작가가 되었으면 하는 욕심이 생겼다.

내 마음이 바뀐 것이 아니라 이런 마음도 동시에 가지고 있다. 꿈을 꾸었다. 어딘지 모르겠는데 파리의 에펠탑 같은 철탑 전망대에서 시내를 조망하고 있는데 한무리의 관광객들이 몰려와서 철탑을 기어오르기 시작한다. 맨 꼭대기에 있는 전망대 다섯 사람이 올라가 있고 그 옆에는 큰 독수리 한 마리가 날개를 펴고 앉아 있다. 그런데 철탑 아래쪽에서 웬 사람이 활을 쏴 독수리를 맞췄다. 독수리가 떨어졌는데 누군가가 그 앞에 서 있었다. 나는 꿈을 깨고 출근해서 민 선생에게 꿈 이야기를 했다. 꿈의 해석이 근사하다. "선생님이 떨어지는 그 독수리를 잡았어야 하는 거네요. 화살을 쏜 사람은 발표자이고, 그 독수리는 상을 의미하고 떨어지는 것은 상을 받았다고도 해석을 할 수 있으니 그 떨어지는 독수리를 잡으셨으면 1등인데 정말

아쉽네요." 그럴듯하다. 꿈 해몽가가 되어도 손색이 없겠다. 내가 의식 수준에서는 후보로서 만족한다는 말을 했지만, 무의식 수준에서는 상을 타고 싶다는 철없는 생각을 한 것이다. 부연해서 설명하자면 의식은 우리에게 일정한 속박을 준다. 도덕적이나 법률적으로 하자가 없이 살아야 하니 그 자체가 작은 속박이다. 속박을 받자니 과연 긴장하지 않고는 살지 못한다.

이런 것이 의식이라면 꿈은 무의식이다. 무의식이란 속박하는 울타리가 없는 본능적 욕구이다. 그러니 긴장할 필요가 없다. 마음이란 구조적으로 의식도 있고 무의식도 있는데 의식이 긴장과 함께하는 것이라면 무의식은 긴장을 풀어 주는 이완 작용과 마찬가지이다. 이 두 의식을 타협시켜 현실에 맞는 적응을 하도록 해 주는 것이 자아이다. 그렇다면 나의 본심은 무엇이었을까? 집에 가서 상을 내가 받고 싶다는 소망을 꿈으로 꾼 것이니 본심으로 치자면 이 꿈이 더 솔직한 내 마음에 가깝다.

의식은 철이 든 어른스러운 인격의 발달 수준이고, 꿈은 철없는 본능 수준의 꿈이다. 이 두 마음이 각각 따로 있는 것이 아니라 한마음이다. 내 마음의 숨겨진 또 다른 한 면이 철들지 않는 아이다. 나는 철들지 않는 어린이에게 이렇게 속삭였다. "너, 철들지 마. 너는 또 다른 나의 당신이야" 나만 그런 것이 아니라 많은 사람은 무의식 속에 본능적인 욕구를 안고 살아가지만, 그것을 스스로 인지하는 사람은 그리 많지 않다.

나는 남에게 드러내지 않고 살았지만, 이 나이가 되어 감출 것도 없다. 그래서 내 처방이라면 철든 어른으로서 철없는 아이를 품고 산다면 삶은 더 풍요로워질 것이란 처방이다. 한 번 더 조용히 속삭였다. "철들지 마! 너는 내 품속에 안겨 있는 또 다른 나야."

어차피
괜찮을 일이 많은 인생

: 선배 교수님 한 분이 어느 모임에 초청되어 초청 강연을 한 것을 들은 적이 있다. 이분은 나와 같은 학교에서 교수직을 맡고 있었으니 서로 친숙하게 지냈던 사이다. 이분 말씀의 요지는 "자기가 지금까지 살아보니 많은 좋은 인연들과 만났습니다. 살아오면서 어려웠던 점이 없었던 것은 아니지만 이 좋은 분들 때문에 어려움도 잘 극복할 수 있었습니다."

내가 보기에도 이 선배님은 좋은 일만 있었던 것은 아니다. 객관적으로 아슬아슬한 경우도 많았고 극복할 수도 없을 것 같은 고통도 있었으니 그런 굴곡진 삶에도 불구하고 그분은 용하게 상황을 헤쳐 나갔다. 어디서 이런 힘이 솟아났을까? 나는 그분이 말하는 살면서 많은 좋은 인연들과 만남에서 비롯된 것이 아니냐는 생각을 해 본다. 좋은 인연을 만났다고 하더라도 자기 선택이 어떤 방향으로 행동했는가에 따라 그 결과는 판이할 것이다. 긍정적인 길을 선택했다면 어려움을 극복하고 생산적이고 창의적인 삶을 걸을 수가 있을 것이고, 반대로 그런 상황에 짓눌려 포기하는 쪽을 선택한다면 그 결과는 암담할 수밖에 없다.

선배님은 다행스럽게도 좋은 인연을 만나 자기 자신은 선택의 갈림길에서 긍정적인 길을 선택하여 부단한 노력을 했던 그 열매가 결국 극복이라는 단어로 얻은 행복함일 것이다.

나는 정신과 의사라는 직업상 자기 객관화를 통한 성찰과 행동을 통한 실천으로 습관화되어 있어야 환자를 바로 볼 수 있다는 훈련 과정인 수련의를 마치는 동안 귀가 따갑도록 교육을 받았다. 그런 이유로 어느 정도의 자기성찰에는 익숙해져 있었고, 문제가 생기면 내 마음속부터 들여다보는 습관을 익혔다. 그런데 이런 습관은 지나놓고 보니 머리로 이해했던 것이 축적된 내 습관이었다. 말하자면 설익은 과일 같은 생각이다. 내가 이런 생각을 통찰하게 된 것은 네팔에 있는 히말라야를 방문하면서 1982년부터 2019년까지 매년 네팔을 찾으면서 야금야금 자기 통찰을 경험한 것이 많다. 직업상 내가 통찰하고 치료에 응용했던 내용이 설익은 과일에 비교했다면 네팔을 다니면서 야금야금 통찰한 내용은 탐스럽게 익은 것이 다르다고나 할까? 그런 느낌이다.

히말라야라는 거대한 산속에 홀로 천막을 치고 누워있으면 온갖 잡생각이 떠오르다가 하나로 집중되어 단순화가 된다. 이것은 누가 나에게 강압한 것도 아니고 나 스스로 느낀 것인데 히말라야의 산의 거대함에 내가 안긴 대상이라면 거기에 안긴 나 자신의 가슴도 상대적으로 거대하다는 느낌이 들었다. 그런 무언의 가르침을 주는 묘한 기운이 있나 보다.

히말라야를 다니면서 소소한 많은 것들을 통찰하긴 했어도 그중에 가장 큰 통찰이 있었다면 분노에 관한 것이다. 내 가슴이 히말라야처럼 팽대하다 보니 그 분노 자체가 다른 시각으로 일으켜진다. 그만한 일에 내가 벌벌 뛰면서 분노했던 자신이 한심스럽게 느껴진 것이다. 이렇게 느낀 것은 지금까지의 내가 폭발했던 분노는 당시의 사회적 정의와 맞물려 정의로운 분노라고 스스로 착각했다. 그 믿음이 깨지고 나니 내가 한심하게 보일 수밖에 없다. 그러나 나는 이런 한심한 나 자신을 발견하고 부끄럽지 않았다. 왜냐하면, 그런 통찰이 틀린 것은 아니고 그런 마음으로 새로운 내 자신을 리모델링 할 수 있다면 분노는 순조롭게 극복될 수 있을 것이란 희망이 있기 때문이다.

사람의 신체에는 자율 신경이라는 신경이 존재한다. 이 자율 신경은 교감신경과 부교감 신경으로 이루어져 있는데 교감신경은 스트레스에 긴장하는 역할을, 부교감 신경은 이 긴장을 풀어 주는 역할을 하는데 이 두 신경이 균형이 맞아야 건강한 역할을 하게 된다. 균형을 잃게 되면 자율 신경에 실조증이 일어난다. 분노가 가장 좋은 예다. 분노가 쌓이면 그것을 풀어 주는 역할도 뒤따라야 한다. 자기 스스로는 그 분노가 정당한 분노라고 생각하면서 풀어

가는 역할을 소홀히 한다면 결국은 장애를 일으킬 수밖에 없다. 다른 말로 표현하면 분노는 부메랑처럼 되돌아와 자기 자신을 헤치는 주범이 된다. 선배님이 하신 말씀이나 내가 경험한 통찰을 아울러 표현해 보자면 '어차피 괜찮은 일이 많은 인생.'이라고 정리할 수 있다. 이 말은 틀린 것은 아니지만 자신을 반성하고 참회하며 통찰에 이르는 노력을 하는 사람에게만 맞아 들어가는 말이다.

내가 초기에 교육받으면서 알았던 통찰은 완전한 통찰이 아니다. 통찰은 히말라야에서 경험한 가슴으로 느낀 통찰이 진실에 가까운 통찰이다. 이런 통찰은 자기 성장의 원동력이 되기도 하고 정신과에서는 이런 표현으로도 설명한다. 정신과 환자는 치료자의 인격 수준을 넘지 못한다. 라는 말이 있는데 이는 결국 치료자의 성장과 통찰에 비례한다는 뜻이니 새겨둘 만한 말이다.

다양한 일이 생기고, 지워지고, 또 생기는 게 인생의 여로라면 새 가슴보다는 덤덤하게 받아들일 수 있는 넓은 가슴을 가지도록 나 자신을 깊게 통찰하는 법을 이제라도 배워간다면, 여정이 힘들고 때로는 짜증도 나겠지만 새색시 부끄러워 발그레해진 얼굴처럼 그 뒤에 따라오는 내 마음에 통찰의 흔적이 생기니 어찌 좋지 않겠는가?

'No pains, no gains' 고통 없이는 얻는 것도 없듯, 통찰도 고통이다. 마음을 담금질하는, 그래서 인생의 여로는 나쁜 일보다는 괜찮은 일이 많은 인생이지 않을까? 한번 되돌아보자. 어떤 삶이었는지를…….

인생에 무엇을
기대하고 있는가?

: 나는 내가 한 행동에 대하여 질문자들이 어떻게 그런 결과를 얻을 수 있었느냐? 라고 물을 때가 많다. 그럴 때마다 "나는 미리 작성한 것은 아니지만 습관적으로 그렇게 하다 보니 그렇게 되었습니다." 어떻게 보면 성의 없는 대답처럼 들릴지 몰라도 나에게는 이 대답은 습관이 되어버렸다. 일단 이런 대답을 전제로 하고 좀 그럴싸한 구체적인 이유와 과정을 설명해 드린다. 그래서 나는 살아오면서 목적을 미리 설정해 두고 행동한 일은 없다. 그러나 지나고 나서 역으로 행동을 추적해 들어가 보면 의식 수준에서는 자연스러웠지만, 무의식적으로는 그래도 설정에 진행하는 바가 있었을 것이다.

사람은 누구나 일생을 살면서 자기 나름의 삶의 곡선을

지니고 산다. 이 곡선은 누구나 같기는 하지만 사람에 따라 정도의 차이는 크다.

삶은 한 가지만 가지고는 살아갈 수가 없다. 한 심리학적 가설에 의하면 삶의 곡선이란 느끼는 정서와 생각하는 사고 그리고 이런 행동으로 옮기는 세 가지의 리듬이 삼 형제처럼 아우러져 반응하는 것이 삶의 곡선이다. 이를 쉽게 알아보려면 부부간에나 부모, 자녀 간에도 서로 실험적으로 해볼 수 있다. 하나는 자기 자신이 이 삼 형제의 흐름을 점수화해서 자리매김을 해보고, 다른 사람에게 그 자신이 나를 보는 시각에서 똑같이 점수를 매겨 본다면 서로 일치하는 부분이 있다면, 그것이 바로 자기 삶의 곡선이 된다.

삶이란? 항상 평탄하지는 않다. 여러 가지 자연환경이나, 인위적인 환경에 영향을 받기 때문에 이 영향에 대해서 시시각각으로 자기 자신이 적응시키지 않으면 생존이 불가능하다.

감정을 생각해 보자. 내가 느끼는 쾌적한 감정이 있는가 하면 나를 불편하게 만드는 불쾌한 감정도 있다. 사고는 어떨까? 이 감정과 연관되어 그 감정에 걸맞은 사고로 이어진다. 그렇다면 감정과 사고가 일치된 내용을 행동으로 연결해 이것이 간단한 인생살이의 공식이라면 공식이다. 보통 수준의 평균적이고, 건강한 삶의 곡선은 양극화가 없는 잔잔한 삶일 것이다. 추상적이긴 하지만 그 이상 어떻게 표현할 길이 없어 이것을 혈액검사처럼 정상적인 수치로 환산해 낼 수 있다면 너무 쉬운 일인데 마음이란 그렇게 계량화하기가 어려우므로 그런 추상적인 표현에 머물 수밖에 없다. 이 보통 수준의 건강한 범위를 벗어난다면 때로는 병적 증상으로 진단되기도 한다. 기분이 즐겁고 경쾌해진다면 생각 또한 다양함이 충만할 것이고 이러한 사고가 연이어진다면 행동 또한 자신감이 넘치고, 긍정적이며 즐겁게 행동으로 이어질 것이다.

내가 동대문에 있는 이화 대학병원 재직 시에 점심시간에는 앞에 있는 광장시장 먹거리 골목에 자주 찾아갔다. 좌판에 앉아 식사를 마치고 광장 네거리에 있는 길거리 커피숍에서 차를 한잔 마신다. 이 손수레 커피점을 하는 사장님은 갈 때마다 커피를 어떻게 타 줄까를 묻는다. 커피를 몇 스푼 넣냐, 프림은 안 타느냐, 타느냐, 설탕은 몇 스푼 넣느냐? 하고 손님마다 지겹게 묻는다. 하루 이틀도 아니고 갈 때마다 그런 요구를 받은 나는 사장님에게 물어보았다. 이쯤 단골이 되었으면 알아서 커피 한잔을 만들어 주어도 될 땐데 왜 올 때마다 물어봅니까? 라는 질문에 그는 이런 대답을 했다. "사람이란 살다보면 기분이 좋을 때도 있고, 나쁠 때도 있고 생각이 평온할 때도 있고, 복잡할 때도 있고, 그것도 하루에도 여러 번 변화하는 모습이니, 될 수 있으면 거기에 맞추어 커피를 만들어 드린다면 그게 좋지 않을까요." 이분은 어릴 때부터 장사했기 때문에 교육이란 것을 받은 적이 없다. 시장에서 노점 커피 상을 하면서 터득한 경험적인 결론일 것이다. 어쩌면 학자들이 논리 정연하게 정리해 준 이론보다 더 실감 나는 설명이다. 이를 종합해 보면 사람들은 자기 인생에서 의식적이든, 무의식적이든 삶에 대한 기대는 하고 산다. 나처럼 하다 보니 그렇게 되었다는 말도 무의식적으로는 기대하고 살고 있지만 내가 그것을 인지하지 못했을 뿐이다.

'인생에 무엇을 기대하고 있는가?' 지금 한번 생각해 보자 의식적이든, 무의식적이든 그 기대는 성장 과정에서 항상 있는 것이다. 이 기회에 자기를 직시하면서 정말 내 인생에서 내가 기대했던 것이 무엇일까, 찾아보자. 이는 자기 자신의 진정한 자신이 누구이며, 자신이 추구했던 인생의 가치를 어디에 두고 살았는지 점검해 보는 좋은 기회가 될 것이다.

나는 삶의 곡선인 정서, 사고, 행동만 가늠할 수 있어도 마음의 안녕 상태를 유지하면서 살아갈 수 있는 곡선은 만들 수 있을 것이다. 나를 찾아가는 화두 하나를 잡아보자. 진정한 나 자신은 누구인가? 마음만 먹는다면 자신의 노력과 능력만큼 기다릴 수 있을 것이다. 그것은 즐거움의 원천이 된다.

기대가 크면 실망도 크고, 실망도 자주 하다 보면 기대조차 안 하는 마음도 살아진다. 소박하게 꿈꾸며, 나의 인생의 소망을 봄날 새싹이 돋아나듯이 그리 피워간다면 그 어찌 실망이 크겠는가? 기대는 삶이 아닌 생동적인 삶의 원동력을 만들어 보면 나만의 리듬이 만들어질 것이다. 그 만들어진 리듬을 붙잡고 내가 인생의 무엇을 기대하며 살아가는지 삶의 연장선을 적어본다면 앞에 홀연히 나타나지 않겠는가? 그래서 나는 후회 없는 인생에 기대지 않고 스스로 자립하여 인생을 도와 살았다며 자부해 본다면 따스한 봄날 만개한 목련꽃처럼 "너는 후회 없이 살았다. 그리고 아름다운 꽃봉오리를 만개했으니 그 무엇이 부럽겠는가?"라는 칭찬을 나 자신에게 해 주리라 믿는다.

Chapter 6

아직 끝나지 않은 잔치,
어른이 되고 나니 웃을 일이 많다

일상의 모든 것이
비로소 다시 보이는 여유, 어른

실수도 웃으면
추억이 되는 삶의 여유

: 실수란 일반적으로 '부주의로 잘못을 저지름'을 뜻한다. 사람이 일생 한 번도 실수하지 않고 살아낼 수 있을까? 아마도 한 사람도 없을 것 같다. 실수해서 패가망신하는 사람도 있을 것이지만, 반대로 실수를 함으로써 뜻하지 않았던 행운을 잡는 사람도 있다.

정신분석학에서 말하는 실수의 의미는 앞서 실수에 간단한 뜻을 설명했듯이 그렇게 단순하지만은 않다. 정신분석학을 정립하면서 프로이트는 마음이라는 존재를 두 가지 가설로 설명했다. 하나는 구조적인 이론으로 초자아, 자아, 이드(본능)로 구분한 것이 하나 있고, 다른 하나는 지정학적인 모델로 의식, 전의식, 무의식 세 가지로 구분했다. 여기에서 무의식을 설명하면서 사례로 든 것이 실수와 꿈이다. 사람이 실수한다고 하는 것은 감추려고 했던 무의식적인 소망을 잘못으로 의식 수준에서 드러낸 언동을 말한다. 감추고 싶었는데 그 속마음을 들킨 것이 실수다. 우리 속담에 "취중 진담"이란 말이 있다. 취중에서 한 말이 밝은 정신에서 한 말보다는 더 진정성이 있다는 말이다. 나는 이 말에 동의한다. 의식에선 해야 할 말과 해서는 안 되는 말을 구분하지만, 무의식의 실수는 하지 말아야 할 언동을 했으니 보다 정직한 마음이라는 뜻이다.

내 경험을 한 두 가지 적어본다. 대학생 때 시를 좋아하는 친구들끼리 어울려 시문학동인회를 만들었다. 우리가 한 활동은 시화전을 열거나, 시낭송회를 하거나, 시집을 발간하는 활동을 했었다. 한번은 시낭송회에서 있었던 일인데 내가 사회를 봤다. 낭송회는 1, 2부로 나뉘어서 중간 시간에 바이올린 독주를 하나 넣었다. 이 중간에 삽입된 바이올린 연주를 나는 반대했다. 의견이 통일되지 않아 투표로 결정했는데 바이올린 연주를 넣기로 했다.

그날 내가 사회를 보면서 바이올린 연주를 이렇게 소개했다. "다음 순서는 xxx 군이 나와서 빠이롱(바이올린)을 독주하겠습니다. 곡목은 G 선상의 아리아" 이렇게 소개해 놓고 보니 아차! 실수했구나! 바이올린 독주라고 말해야 하는데 빠이롱 독주라고 말했으니 실수도 큰 실수다. 낭송이 끝나고 지도 교수님이 하나하나 지도 말씀을 주셨다. 선생님은 내가 한 실수에 대해서 이렇게 감싸 주셨다. "사회자는 앞으로 시인이 될 사람이니까 그가 좋아하는 영국의 시인 바이런(George Gordon Byron, 1788~1824)을 생각하다 보니 그런 실수를 한 것이다."라고 위로해 주셨다. 나는 졸지에 시인 후보자로 등극했으니, 실수는 부끄러웠지만, 수습은 잘됐다.

다른 실수 하나를 소개한다. 내가 고등학교 다닐 때 일이다. 두 살 아래인 내 여동생 친구들이 자주 우리 집에 놀러 왔다. 누구도 내 동생이라고 생각했지, 여성이라는 개념으로는 보지 않았다. 귀여운 동생일 뿐이다. 근데 어느 날 학교에 갔다. 오니 친구 셋이 놀러 와서 수를 놓고 있었다. 당시에는 가사 시간이 있어서 가사 시간에 주로 수를 많이 놓았다. 아마 가사 숙제를 하는 모양이다. 나는 그 모습을 보고 지금 아내에게 그 수를 놓으면 나한테 선물하라고 그랬다. 그랬더니 그는 의아한 눈으로 "나, 이거 시집갈 때 가지고 가려고 하는 건데……." 이 대답에 나는 뜬금없이 이런 말을 했다. "그래 그러면 나한테 시집올 때 그때 가지고 와" 이런 실수가 내 입에서 나온 걸 보면 무의식적으로는 그를 좋아하고 있었나 보다. 좋아하고 있던 것을 불쑥 나온 그 실수로 들키고 말았으니 좀 부끄럽기도 하고 무안하기도 했다. 말이 씨가 된다고 하더니 나는 이 실수한 말 그 때문에 결혼하게 되었다. 실수가 준 선물로 우리 부부는 올해로 환갑을 넘긴 64년째 부부로 살고 있다. 이런 나의 사례가 '실수도 웃으면 추억이 되는 삶의 여유.'가 된다.

병리적인 실수 하나를 소개하면 작화점 정신 증상이 있는데 이는 주정 중독자에게서 흔히 보는 증상이다. '코르사코프 증후군'이라고도 하는데 우리가 흔히 술을 많이 마시면 필름이 끊긴다고 하지 않는가? 그 끊긴 필름의 기억을 마치 자기가 경험한 것처럼 말을 만들어 내는 것을 말한다. 이는 거짓말과는 다른 증상인데 당사자는 그 작화

점을 사실인 그것처럼 믿고 있다. 일부러 실수해서 이득을 얻는 예도 있지만, 정말 예기치 못했던 무의식적 실수라면 두고두고 좋은 추억거리가 될 것이다.

실수도 여러 번 해본 사람이 실수의 아픔을 안다. 아니, 하지 않는 방법을 안다. '한 번 실수는 병가지상사'라는 말도 있듯이 그 어떤 현명한 사람이라도 실수나 실패는 늘 우리 주변을 따라다닌다. 실수도 실패도 마음의 여유가 있는 사람이 할 수 있다. 마음의 여유가 없어 시간에 쫓기다 보면 그 시간의 노예가 되어 실수나 실패도 없지 않겠는가? 느긋한 마음을 갖는 노력이 필요할 때다. 서두르지 말고, 성급한 생각을 하지 말고, 조급한 마음을 갖지 않는 것이 스스로 실수를 줄이는 또 하나의 방편이 될 거라 본다. 꼿꼿한 나무는 거센 비바람에 부러지지만, 흐느적거리는 나무의 나뭇잎은 거센 비바람에 그저 흔들릴 뿐 부러지지는 않는다. 그렇게 실수가 강하면 부러져 실수한 마음에 커다란 상처를 주고 부드러운 실수는 마음의 양식과 또 다른 흔적의 추억을 공유하게 된다.

젊었을 때는 모르는
소소한 기쁨

: 폭설이 왔다. 사무실에서 창밖을 내다보니 수북이 쌓인 눈이다. 일기예보로는 내일도 이런 폭설이 온다고 하니 3월 중순인데 좀 예외적인 폭설이다. 젊을 때 같으면 이런 폭설이 내리면 두말하지 않고 배낭을 짊어지고 산을 올랐다. 잠시나마 눈 속에 안겼다 내려오면 그 즐거움은 이루 말할 수 없었다. 그런데 지금 창밖에 쌓인 눈을 보면서 그런 생각은 할 수도 없으니 마음이 좀 우울해진다.

전화가 왔다. 친구한테서 온 전화인데 거기에도 눈이 많이 왔는가? 라고 물었더니 많이 쌓였단다. 그런데 마음이 초조해서 전화를 걸었단다. 이 친구도 나와 나이가 같으니 내 생각과 비슷한 우울감이 떠올랐나 보다. 초조한 이유가 아들이 내일 병원에 가자고 했단다. 병원에 간다고 하면서 요양원에 가두어 버릴까 봐 초조하단다. 많은 자녀가 요양원에 가지 않으려는 부모를 설득하다 못해 대부분 이렇게 속이고 입원시키는 경우가 많으므로 그도 그런 생각이 떠올라서 초조한가 보다. 전화를 받고 나니 눈을 보고 우울했던 감정이 증폭된다. 이런 우울감이 있을 때는 소소하지만 지나간 기쁨들을 하나하나 챙겨 추억해 보는 것도 좋을 듯하다. 그래서 떠올려 본 추억 가운데 하나는 술에 관한 것이다.

나는 술을 늦게 배우고 일찍 끊었다. 그사이에 일어난 술과의 연관된 내 추억은 많다. 즐거운 것도 있고, 분노에 찬 것도 있고, 여러 가지다. 오늘의 우울감을 잠재우기 위해 잠시 한두 가지만 떠올려 본다.

내가 술을 늦게 배웠다는 것은 의과대학 본과 1학년 때니까 늦게 배운 것이다. 해부학 시간이 되면 1학기 때는 인체에 관한 이론을 배우고, 2학기가 되면 그 배운 것을 실습으로 확인하는 공부다. 시체를 앞에 두고 해부해 가면서 실체를 확인하는 것이다. 나는 이때 술을 배웠다. 시체를 바라보면서 배운 장기 하나하나를 확인하기보다 이 시체가 살았을 때 어떤 굴곡진 삶을 살았기에 내 앞에 이렇게 실습용으로 누워있는가? 라는 생각에서부터 복잡한 생각을 잊을 수가 없어서 술에 의존했다. 술을 마시다보니 주량이 늘었다. 한번은 친구들끼리 어울려 목로주점에 갔었다. 당시에는 술 먹으러 가자는 친구가 언제든 비용을 부담했기 때문에 나는 돈이 없어도 따라갔다. 계산할 때가 되니 술 먹으러 가자고 꼬드겼던 친구가 돈이 없단다. 해결책으로 나를 볼모로 술집에 맡기고 이튿날 돈을 구해서 나를 찾으러 온다고 했다. 그동안 나는 자의는 아니지만 할 수 없이 볼모로 잡혀 그 주점에서 하룻밤을 잤다. 여러 가지로 고통스러웠던 기억인데 지금 생각하니 재미있다.

또 하나는 오랜만에 고향에 내려갔었다. 고향 친구와 함께 술을 마셨는데 과음을 했다. 그 당시에는 통행금지가 있었는데 자정부터 새벽 4시까지 전 국민이 그 시간에는 통행을 금하도록 하였다. 통행 시간에 맞추어 막차를 탔다. 처가에 간다고 차를 탄것이다. 탄 것만 기억이 났는데 종점에 내려 처가로 들어갔다. 희미한 기억인데 장모님이 세숫대야를 들고 들어와 내가 토하는 토사물을 받으면서 등을 두드려 주셨다. 아침에 일어나니 처가의 방 구조와는 다르다. 방문을 열고 들어서는 부인을 보니 장모님이 아니다. 내 친구의 어머님이다. 그렇다면 어제 내 등을 두드렸던 분도 친구 어머니다. 친구도 서울에 살기 때문에 노부부만 살고 있었던 집인데 내가 평소에 많이 드나들던 집이라 처가로 착각하고 들렸다. 나를 나무랄 법도 한데 나를 극진히 간호해 주셨다. 친구 부모님의 말씀으로는 내가 고향에 처가도 있는데 처가에 가지도 않고 자기들을 찾아주니 얼마나 반갑고 고마웠는지 몰랐다고 내 친구에게 말하더란다. 술 먹고 저지른 내 실수가 이렇게 환영받다니 재미있다.

수련의를 마치고 군에 입대할 때 친구들이 환송회를 열어 주었다. 한 번도 아니고 여러 번을 열어 주었다. 말이 환송이지 술이 먹고 싶으니까 여러 번 환송회를 한 것이다. 할 때마다 만취했으니 위가 견디어 내겠는가? 급성으로 위장 출혈이 있어 환송회만 받고 군에 입대하지 못했다. 다음 해에 입대했는데 입대하고서부터 나는 술을 끊었다. 위장 출혈의 후유증으로 위궤양을 오래 앓았다. 그래서 내 자의라기보다 부득이한 사정 때문에 술을 끊게 되었다. 꼭 술을 익힌 지 10년 만에 술을 끊게 된 것이다. 그 10년 동안 술을 마실 때마다 소소한 실수를 일삼았으니 실수투성이다. 마치 실수하기 위해서 술을 마시는 사람처럼 그렇게 마셨다. 이 무지한 술버릇도 지금 생각하니 소소한 즐거움이다.

이런 추억을 하는 동안 나는 오늘의 우울감을 잠시나마 벗어날 수가 있었다. 옛날을 추억하는 일은 기쁨도 있고 슬픈 사연도 있겠지만 되도록 기쁜 추억을 떠올리는 게 좋겠다. 좋지 않은 기억이라고 하더라도 지금 생각하면 재미있는 추억으로 바뀌어 기억할 수 있다면 그 또한 즐거운 일이 아니겠는가? 이런 추억은 통증을 없애는 진통제처럼 일시적인 효과는 있다. 추억에 오래 매달려 매몰될 일은 아니다. 오늘처럼 우울한 감정을 순간순간 잠재울 수 있다면 그 추억 또한 진통제가 되지 않을까?

이제 나이 들어 알겠다. 지나온 시간의 흔적 속 기억들을, 그때는 몰랐던 기쁨 들을 나를 괴롭히는 고통으로 알았으니 우둔한 생각이었다. 이 우둔한 생각이 세월이 지나 이만큼, 나이만큼 쌓이다 보니 아! 그 고통의 기억이 이제는 소소한 기쁨으로 내 가슴을 콩닥거리게 하는구나! 니체(Friedrich Nietzsche, 1844~1900)는 이렇게 말했다. '고난이 심할수록 내 가슴은 뛴다.'라고 고통이 많았던 시절 지금와 돌이켜 보니 순간순간이 기쁨인 것을, 아직 갈 길은 먼데…. 소나무 가지 위 새벽녘 내린 눈 무게를 이기지 못해 한 무더기의 눈덩이가 떨어진다. 놀란 가슴 쓸어내린다. 순간 가슴이 두근거린다. 그 기쁨에 놀라.

나이 듦이 주는
특별한 위로

: 친구가 궁금해서 안부 전화를 걸었다. 요즘도 잘 지내는지 물었더니 잘 지내고 있단다. 그 친구는 교장 선생님을 끝으로 교직에서 정년 퇴임한 친구다. 그는 학교에 있을 때나 정년 퇴임 이후나 한결같이 노인 요양 보호소에 입원해 있는 분들을 보살피는 봉사를 해왔다. 어느 날 뜸한 소식이 궁금해서 전화를 걸어 물어보았더니 이런 대답을 한다. "나는 지금도 봉사는 하지만, 내가 나한테 하는 봉사라 하는 거야"라는 대답이다. 사연을 알고 보니 그가 파킨슨병을 진단받고 치료 중임을 그렇게 표현한 것이다. 지금까지 살아온 것이 타인을 위한 봉사로 일관했다면 진단을 받고 나서 그 봉사의 대상을 자신에게 돌렸다는 말이다.

또 다른 한 친구는 국가 지방자치 단체에서 도와주는 노인에 대한 복지적인 혜택을 사양하고 살아간다. 이 말은 자신은 비록 노인이기는 하지만 자기 앞은 자기가 가릴 수 있는 정도의 경제력은 가지고 있으므로 일괄적으로 노인에게 주는 혜택을 사양하고 산다는 뜻이다. 그는 자기의 말 그대로 모든 비용을 일반인처럼 자부담하고 살아가고 있다. 말하자면 두 친구 모두 자기 앞가림을 자기 스스로 하고 있다는 뜻이다.

언젠가 TV를 보았더니 시어머니 그룹과 며느리 그룹으로 나뉘어 사회자가 주제를 가지고 서로 토론시키는 그런 프로그램이다. 어느 날 며느리 한 분이 시어머니 그룹에 이런 말을 던졌다. 이제 노인도 자기 자신이 앞가림할 수 있어야 한다, 그런 취지의 발언이다. 아니나 다를까? 시어머니 그룹에서 와글와글 난리가 났다. 아마도 당돌한 발언이라고 생각했을 것이다. 나는 화면을 보면서 왜 이런 말이 이제야 나오는가? 진작 나왔어야 할 말인데 라면서 내심 그 며느리의 발언을 공감했다.

나는 그런 체험을 진작 경험한 적이 있다. 의과대학을 다닐 때 학급의 대표를 맡아 한 적이 있다. 대표가 하는 일은 주로 교수님들과 상의하여 시험 날짜를 잡는다든지, 또 시험 성적이 나쁘면 시험 칠 기회를 한 번 더 갖게 만든다든지, 아니면 전체 성적을 상향 조정하는 그런 일이 대부분이다. 의과대학은 공부하는 과목도 많고 시험도 자주 보기 때문에 그런 역할은 대단히 중요한 역할이다. 한번은 생리학 시험을 쳤는데 점수가 몹시 나쁘다. 나는 과락 수준의 점수를 받았다. 그런 친구들이 많았기에 교수님에게 성적을 상향 조정 해 주도록 교섭을 했다. 교수님은 그런 점수가 필요한 사람의 명단을 가지고 오란다. 교수님 수첩에 다 적혀 있는데 나보고 굳이 명단을 제출하라니. 궁금증은 있었지만, 명단을 작성해서 제출했다. 그 명단에 나는 내 이름을 빼버렸다. 대표라는 작자가 자기 점수 얻으려고 이런 짓을 하는구나! 라고 비칠까 봐 내 이름은 적지 않았다. 교수님은 명단을 살펴보고 혹시 빠진 사람이 있을지 모르니 다시 적어오란다.

다시 정리해서 드렸다. 그때도 내 이름은 적지 않았다. 이

성적 하나로 내가 일 년을 유급할지도 모르는데 왜 그랬는지는 잘 모르겠다. 교수님은 그 명단을 보시고 이번이 마지막이니 자세히 살펴서 제출하란다. 지나놓고 보니 당연히 내 이름도 있어야 하는데 빠진 것을 보고 그렇게 말씀하셨나 보다. 세 번째 명단도 똑같이 내 이름을 적지 않았다. 아마도 적지 않더라도 교수님이 헤아려 주셔야 할 것 같은 기대감이 있었는지 모르겠다. 교수님은 내가 유급을 면할 수준의 최하 점수를 주셨다. 나는 그때 깨달았다. 아무리 대표라고 하더라도 자기 앞은 자기가 가리고 남을 도와야 하겠다는 통찰이다. 너무 쉬운 이야기를 이렇게 어려운 과정을 통해 알게 되었다. 이런 경험이 있는 나로서 TV에서 본 며느리의 한마디는 어려움 없이 공감했다. 공감했을 뿐 아니라 왜 이런 이야기가 이제야 나오는가 하는 아쉬움도 함께 가졌다.

자신의 앞가림은 자신이 해야 한다는 극히 합리적이고 타당한 말이 '나이 들어서 주는 특별한 위로'에 해당하지 않을까? 라는 생각을 해 보았다. 자기 앞가림을 자신이 하자면 물론 경제적인 것도 중요하지만 마음가짐이 또한 중요하다. 마음가짐이란 의존하지 않고 자신의 문제를 자신이 해결할 수 있어야 하는 수준이다. 그렇게 하자면 자기 자신을 사랑할 줄 아는 습관이 있어야 한다. 내 친구들이 보여준 일화는 늦었지만 자기 자신을 사랑하는 실천에 옮겼고 또한 친구는 진작부터 그런 실천을 하고 있었으니 나이 들어 자기 자신에게 사랑을 통하여 위로를 준 본보기인 것 같다.

자기 자신을 사랑하라고 말을 하니 이기심이라고 오해할 분이 있을지 모르겠다. 우리가 철없는 어린 시절에 가졌던 자기중심적이고 이기적인 생각이 아니라 나이 들어 생기는 자기중심적이고 이기심은 철든 이기심이다. 말하자면 이타심을 함께 갖고 그 이타심을 뛰어넘는 이기심이라고나 할까? 그런 자기 사랑을 말한다. 이런 사랑이 있다면 자연적으로 스스로에게도 큰 위안이 될 것이다.

아침에 눈을 뜨니 이제는 잊을만한 찬 공기에 몸을 움츠린다. 아! 아직은 겨울인가 보다. 따스한 침대의 이불에서 나오기가 싫다. 그저 한없이 이 따스한 늪에서 빠져나오기가 싫다. 아니 찬 공기와 접하고 싶지 않다. 하지만 맑은 정신은 게으름을 훌훌 털어버리고 나를 밀어낸다.

어제와는 다른 또 다른 선물이 오늘도 나에게 작은 선물을 하나 한다. "됐어! 오늘 하루를 충분한 위로를 받으면서 지낼 수 있는 사람이야."라면서…….

변곡점:
삶의 고비마다 피어나는 웃음꽃

: 삶을 살다 보면 인생은 길다고 느껴지기도 하고 짧다고 느껴지기도 한다. 한번은 의과대학 동기생들의 졸업 50주년을 맞아 제주도를 여행한 적이 있다. 일요일이 끼어 있어서 종교를 가진 친구들은 교회나 성당을 찾았다. 성당에 간 친구들에게 신부님이 강론을 하다 말고 우리를 향해 중국에서 오셨냐고 물었다.

졸업 50주년을 맞아 동기생들끼리 어울려 여행 왔다고 말했더니 신부님 말씀이 "참 오래도 사셨습니다." 듣기에 따라서는 언짢을 수도 있고 지난 과거를 용케도 헤쳐나와 지금에 이르렀다는 말로도 들린다.
그런 생각을 해보니 참 오래도 살았다는 말이 맞는다. 기왕 오래 산 김에 지나온 일들을 다시 한번 생각해 보자.

되돌아보니 꼬불꼬불한 삶의 궤적이 마치 등산로처럼 회상이 된다.

변곡점이란 단어가 있다. '곡선이 요에서 철 또는 철에서 요로 바뀌는 자리를 나타내는 점'이란 뜻이다. 이를 변형해 본다면 삶의 뒤안길도 변곡점이 숱하게 있었을 것이다. 신부님 말씀대로 오래 산 사람일수록 그런 변곡점은 더 많다. 독자 여러분들도 여러 번 많이 갖는 자기 삶의 궤적을 그래프로 그려보시라, 변곡점이 아주 많이 발견될 것이다. 나도 되돌아보니 변곡점이라고 점을 찍을 만한 시기가 한두 곳이 아니다. 다만 그 당시에는 그것이 나에게 변곡점이 될 줄은 알지도 못한 채 흘려 버린 것도 있고 비록 변곡점이라는 기회를 알긴 했어도 변화할 기회로 삼지 못했으니 그 또한 지나쳐 버린 것이다.

인연이라고 하는 것은 수도 없이 우리 앞을 지나간다. 지나가는 인연을 내가 인연인 줄 알고 잡으면 그것이 변곡점이 되어 변화의 출발점이 될 수 있으나 무심히 넘긴다면 아무리 좋은 기회라고 하더라도 그냥 스쳐 지나가고 말 것이다.

나의 많은 변곡점 중에서 대표 되는 게 있다면 두 가지 정도를 적어보고 싶다. 하나는 대학교 졸업반일 때 4.19 학생 혁명이 일어나 그것이 변곡점이 되어 내 일생에 큰 변화를 가져왔다. 4·19 이전에 나를 만났던 사람과, 4·19 이후에 나를 만났던 사람이 만나서 나를 평가한다면 상상도 못 할 전혀 다른 평가를 할 것이다. 다른 하나는 정년 퇴임을 맞으면서 나의 변곡점을 백분 활용하여 미래를 설계한 일이다. 나는 정년 퇴임하기 전에도 당시에 유행하던 노인대학이나 큰 회사에서 정년 퇴임을 앞둔 분들에게 퇴임 이후의 삶을 어떻게 사는 것이 좋을까? 라는 내용으로 많은 강연을 했다. 내가 노인이 되어 보지 않았으니 교과서에 의존할 수밖에 없는 노인의 삶이다. 그러던 중 내가 생각하는 나만의 생각을 덧붙여 강의했더니 수강생들이 많이 공감했다. 나는 이런 점을 활용하여 나의 정년 퇴임 이후의 생활을 설계해 보았다.

퇴임 이후 얼마나 영향이 있을지 모르지만, 여명(餘命)이 있는 한 이렇게 살아보겠다는 계획을 해보았다. 5개년 계획이다. 왜 5개년 계획이냐면 여명을 예측할 수 없으니 그 정도의 단위로 끝나면 다시 5개년 계획을 세우면 될 것 같아 5개년으로 삼았다. 요행이 80세까지 살아남을 수 있다면 그때는 3개년 계획으로 삼고, 또 90세가 넘는다면 1년 계획으로 내 삶의 패턴을 바꾸어 보리라고 생각했다. 나는 전 생애를 통하여 되돌아보면 이 정년 후의 삶이 가장 안정된 시기였고 주관적으로 만족감을 많이 느꼈던 시기라고 생각이 된다.

그 이유는 간단하다. 정년 퇴임 이전의 생활은 나에겐 꼭 해야 할 일이란 의무가 부담되었다면, 정년 퇴임 이후의 삶은 그런 의무로부터 자유로웠기 때문에 상대적인 만족감이 더했지 않았을까? 라는 생각을 해본다. 그도 그렇지만 더 깊은 속을 들여다본다면 지금까지 살아온 세월보다 남은 세월이 상대적으로 적다는 생각에 말 못 할 불안감을 가졌던 것도 사실이니 이를 극복하기 위해서는 더 재미있는 일들을 찾아내고 실행에 옮겨야 한다. 이런 이유가 어울려 명실상부하게 유쾌하게 살려고 노력했고, 그 노력의 덕분으로 행복감도 느껴 보았다.

신부님이 하신 말씀 "오래도 사셨습니다."라는 말을 들었을 때는 긍정적인 생각보다 부정적인 생각이 앞서 많이 서운했었는데, 지금 나의 변곡점을 되살려 보니 지금은 그 말씀이 고맙기도 하다. 신부님은 아마도 우리들의 삶의 궤적을 짐작하시면서 그런 어려움에도 불구하고 용하게도 살아남았다는 말씀으로 이해가 되니 감사할 수밖에 없다.

지금도 많은 사람은 시간을 붙잡으려고 아등바등한다. 하지만 그게 어디 잡히겠는가? 허공에 손가락 열 개를 다 쫙 펴고 하늘을 쳐다보라. 손가락이 쭉 펴진 부분에서는 앞이 안 보이고 손가락 사이 사이로는 눈 부신 햇살이 들어오는 것을 쳐다 볼 수 있다. 그게 우리들의 살아온 삶의 굴곡이다. 힘들게 살았던, 행복하고, 즐겁게 살았던 그 순간 순간의 흔적들이 우리에겐 용기와. 희망을 주었다. 그래서 준비가 덜 된 삶보다 계획하는 삶이 더 좋다고들 한다.

계획이 있으면 준비를 차근차근히 하면서 주어진 변곡점의 순간순간을 맞이하면 된다. 그리 어렵고 힘든 일은 아니지 않겠는가?

이제야
알게 된 선물

: 그때는 왜 몰랐을까? 지나놓고 보면 이렇게도 쉽게 알 수 있는 일도 그때는 정말 몰랐던 게 신기하다. 많은 사람이 그렇게 느끼고 지금이야 선물처럼 받아 본 통찰 경험이 있을 것이다. 나도 되돌아보면 참 많다.

지금 연상되는 두 가지 경험을 말해본다. 하나는 군 복무 시절인데 1년에 한 번씩 군의관을 선발하여 신검반이라는 병역 정령자를 신체검사하여 군 복무의 적합성을 판단하는 역할을 한다. 이 신검반에 차출되면 얼마의 뇌물을 챙길 수 있다. 나는 당시 경제적으로 안정적인 상태가 아니었기 때문에 '견물생심'이라고 이 신검반 요원으로 차출되었으면 좋겠다고 생각했다. 당시 군의관으로서는 가장 높은 계급에 있던 선배 한 분이 있었다. 이런 인사권을 지니신 역할을 맡은 분이다. 학교 선배이기도 하고 군에 입대하기 이전부터 친교가 있었던 친지이기 때문에 찾아가서 차출해 줄 것을 부탁드렸다. 그분은 나에게 왜 신검반에 가고 싶은가, 이유를 물었다. 솔직히 대답했다. 돈이 필요하다. 듣고 있던 선배님은 그것이 목적이라면 안 가는 게 좋겠다. 라고 하면서 내 청을 들어주지 않았다. 나는 나오면서 그분의 거절을 원망했다. 나를 차출해 주지 않은 그로서는 어려운 일이 아닐 텐데도 안 해 주다니 그런 거절감에 휩싸이니 그를 원망했다. 물론 뇌물로 돈을 챙긴다는 것은 옳지 않은 일이라고 생각은 하고 있었지만, 그 행위에 대해서 일말의 죄책감도 느끼지 않았다. 이런 부정행위가 관습처럼 이어져 오다 보니 그해에 차출되었던 모든 군의관을 당시 중앙정보부에서 일제히 소환 조사를 했다.

공교롭게도 나는 그 소환된 군의관들이 불합격 판정한 환자를 재검하는 역할을 맡았다. 당시 내 생각으로는 선배님의 거절이 다행스럽다는 생각이 들었다. 그런 생각이 들긴 했지만, 그런 생각을 한 것에 대한 죄의식은 역시 없었다.

세월이 흘러 생각해 보니 새삼스럽다. 다행이다. 라는 생각을 뛰어넘어 죄의식이 생겼다. 행동하지는 않았지만 그런 생각을 하고 있었고, 만일 그 선배님이 내 소망을 들어주었다면 나는 아무런 죄의식도 없이 그런 부정행위를 했을 것이다. 그러니 한참 지나서 나에게 깨우침을 준 것은 죄의식이다. 죄의식은 괴로운 느낌이기는 하지만 이로 인해 내가 바른생활을 할 수 있도록 계기를 만들어 주었다면 그보다 더 고마운 일이 어디 있겠는가? 되돌아보면 그때 선배님은 나에게 아주 귀하고 귀한 선물을 주신 건데 그때는 알지 못했다.

또 하나의 연상은 내가 현역 교수로 있을 때다. 미국에 학회가 있어서 참석했는데 그 자리에서 내 동기생들을 많이 만났다. 그중에는 나와 한 그룹이 되어서 6년 동안 공부를 함께한 친구도 있었다. 학회를 하는 동안 나는 그 친구 집에서 신세를 졌다. 내가 사이코드라마에 대해서 관심을 두고 있다는 것을 알고 사이코드라마의 창시자인 모레노(Moreno) 연구소에서 발행한 사이코드라마를 녹화한 비디오테이프 안내서를 주었다. 다양한 자료들이 있었는데 값을 보니 비싸다. 몇 가지를 사고 싶었으나 경제적인 여유가 없다. 그런데 판매도 하지만 빌려주기도 한다. 빌려주는 값은 그렇게 부담이 되지 않는다. 그래서 친구에게 부탁했다. 비디오테이프 서너 개를 골라 이를 빌려 오라고 했다. 빌려와서 복사한다면 그 큰돈을 주지 않고도 내가 가질 수 있지 않겠냐는 생각에서 복사까지를 부탁했다. 그 친구는 의아한 눈으로 나를 쳐다 보더니 "너 참 많이 변했구나, 학교 다닐 때는 안 그랬는데." 이 말은 내가 복사를 해 달라는 부탁에 대한 거절이다. 저나 나나 학교 다닐 때 원서를 한 권 사서 복사본으로 만들어 공부했던 기억이 어제 같은데 나보고 변했다니 변한 것은 내가 아니라 내 친구다. 그나 나나 해적판으로 공부한 공범인데 이 친구는 일찍 미국으로 건너와 공부하다 보니 해적판은 범죄라는 사실을 일찍 깨닫고 거기에 적응하면서 변한 것이다. 나는 학생 때나 마찬가지로 교수직을 하면서도 해적판을 애용했다. 내 친구는 그가 변한 것을 알지 못하고 변한 그의 시각으로 보니 그런 착각을 했나 보다. 나는 그를 원망했다. 내가 복사본을 가지고 가서 장사하려고 하는 것도 아니고, 학생들 교육에 사용하려고 하는 것인데 그것을 범죄로 몰아 나를 몰아세우니 아주 섭섭했다. 이것도 한참 세월이 지나다 보니 그의 말이 백번 옳다. 당시 복사본인 해적판을 애용하면서도 잘못된 것이라는 사실은 알고 있었다. 그러나 이 또한 죄의식은 느끼지 않았다.

우리나라도 세월이 흘러서 지나다 보니 해적판은 이제 범죄행위이다. 이 일 역시 나에겐 세월이 한참 지나서 죄의식을 느끼게 만들어 주었으니 그 친구의 고맙고, 고마운 선물이 아닐 수 없다. 나는 이를 회상해 보면서 죄의식을 느꼈다는 뜻은 모르고 한 일이라면 죄라고 할 그것까지도 없는데, 나는 부정하다는 사실은 알고 있었지만 그것을 대수롭지 않게 생각하는 나이였으니 죄의식을 통찰하게 해 준 나의 선배나, 내 친구는 지금 생각하면 나에게 귀하고, 귀한 선물을 안겨준 것이다. 늦었지만 이런 깨우침을 준 두 분께 선물의 감사한 마음을 지금에야 전한다.

신은 우리에게 아주 커다란 선물을 주었다. 삶이라는 선물이다. 그 삶의 선물에는 많은 의미를 포함하고 있다.

아침에 일어나 내 주변을 둘러보자. 모든 게 선물 투성이다. 어디 하나 버릴 것 없는 그런 것들이다. 그 선물 중에 어느 것을 택하는가에 따라 그날 하루가 즐겁고, 행복하기도 하고 아니면 잘못된 선물을 택한다면 힘들고, 고통이 따르는 일상이 될 것이다. 삶에서의 선물은 그런 것이다. 빈손의 선물을 받기를 원하는 사람은 없을 것이다. 그래서, 이른 아침 그 순간 이렇게 말해보자. 빈손에 대한 허허한 마음이 한가득하지만 그래도 마음속에는 이런 메아리가 울려 퍼질 것 같다. 살아지더라. 살고자 했더니 내 앞에 행운이라는 선물이 도착했다는 그런 생각을…….

여유로운 미소가
아름다운 이유

: 잔잔한 미소 그리고 신비스러운 미소라고 하면 얼른 떠오르는 미소가 있다. 레오나르도 다 빈치(Leonardo da Vinci, 1452~1519)가 그렸다는 모나리자의 미소다. 내가 1983년 루브르박물관을 방문하여 이 그림을 본 적이 있다. 이 그림이 전시된 방에는 다른 그림도 있었는데 모두 당대의 걸작들이다. 그런데 유독 이 모나리자의 미소만은 유리 덮개로 덧씌워 보호하고 있었다는 점이 다르다. 그리고 관람객들도 제일 많이 모여있었다. '모나리자의 미소는 과학'이다. 라고 말한 사람도 있다. 이유를 알아보니 그도 그럴듯한 말이다.

모나리자의 미소는 조명에 따라 그 미소가 달라지고 보는 사람의 방향에 따라 미소가 달리 보인다니 신비로운 미소다. 나도 자리를 옮기면서 감상해 보니 미소의 모습이 달리 보인다.

'다빈치는 스푸마토 기법(sfumato 르네상스 시대에 유행한 회화 기법의 하나다. 선명한 윤곽선이 없이 색을 부드럽게 섞어 경계를 흐릿하게 표현하는 기법)을 사용하여 입가 주변의 경계를 부드럽게 처리함으로써, 보는 각도와 조명에 따라 미소의 느낌이 달라지도록 표현해 관람자는 그녀의 미소가 때로는 명확하게, 때로는 모호하게 보이는 신비로움을 경험하게 된다. 나는 이 그림을 보면서 미소가 아름답고 신비롭기는 하지만 내 소망은 일생 활짝 웃음(폭소)을 웃고 싶은 소망을 갖고 살았다. 되돌아보면 아주 어릴 때는 깔깔거리면서 웃기를 자주 했으니 활짝 웃음이다. 그러나 이 활짝 웃음은 할머니의 무릎을 베고 누워 옛이야기를 들었을 때만 그랬다. 그 이후로는 깔깔 웃음을 웃어본 적이 없다. 이유는 이분법적인 부모님과 학교의 훈육 때문이다. 말하자면 좋다, 나쁘다, 바람직하다, 바람직하지 못하다, 아름답다, 아름답지 못하다, 고상하다, 추하다, 해야만 되는 일, 하지 말아야 하는 일, 등으로 대표되는 이분법이다. 나에겐 선택의 여지가 없었다. 모범 답안으로 훈육된 나는 웃음조차도 활짝 웃는 웃음은 미소와 비교하면 천박하다는 편견이 있었다. 그러니 자연 내가 부러운 것은, 그럼에도 불구하고 활짝 웃어 보는 일이다. 모범 답안으로 잘 훈육된 나는 활짝 웃음조차 웃어보지 못하고 소망으로만 간직하고 살았다. 그런데 내가 현역으로 근무하고 있을 때 그런 분을 한 분 만났다. 그분은 활짝 웃음이 너무 심해 시도 때도 없이 웃음이 나온다고 했다. 이로 인해 일상생활을 하는 것이 너무 힘들어 정신과 의사인 나에게 도움을 청하러 온 환자다.

나는 속으로 미소 지었다. 내가 일생 그토록 소망했던 분을 만나게 되었으니 반가운 일이다. 그런데 그는 나의 소망을 안고 환자로 찾아온 것이다. 내가 그토록 원하면서 간직한 소망의 활짝 웃음을 웃으면서 왜 그것을 고쳐 달라는 것일까? 이유는 간단했다. 첫째 시도 때도 없이 활짝 웃음이 나온다는 것, 둘째 그 웃음이 웃을 당시의 상응하는 걸 맞지 않는 웃음이 많단다. 그렇다면 고통스럽다는 그의 말이 맞는다. 좀 더 탐색을 해 보니 그분의 웃음은 현실적인 상황에서 자극받아 웃는 것이 아니고 현실과는 상관이 없는 자기만의 머릿속에서 연상하는 가상현실에 대한 반응이다. 어떤 연상을 했기에 그런 활짝 웃음을 웃을까? 그의 대답은 자기를 괴롭히거나 못마땅하게 생각하는 사람이 있다면 그 대상을 아주 우스꽝스러운 형태로 바꾸어 상상하게 되니 자연스럽게 활짝 웃음이 나온단다. 예를 들어 그에게 피해를 준다고 생각하는 대상이 있다면 상상 속에서 그 대상의 옷을 활짝 벗겨버린다. 나체를 만들어 버리는 것이다. 나체를 만들어 놓고 보면 저절로 웃음이 나온다고 했다. 재미있는 상상이다. 종로 네거리를 혼자 발가벗고 활보한다고 생각해 보라 누구나 웃음이 날 것이다. 여기에서 중요한 것은, 활짝 웃음을 고쳐 달라고 호소하는 환자는 현실을 바탕으로 한 것이 아니라 가상현실을 설정해 놓고 현실과 관계없이 웃음을 터트리니 비현실적이고, 적합한 웃음이 아니다.

나를 인터뷰하거나 처음 만나는 사람도 내 인상의 포인트를 미소에 두는 분들이 많다. 그냥 미소가 아니라 아름다운 인상을 주는 미소란다. 정말 그런지는 모르겠지만 그렇다면 나의 이분법적인 훈육된 사고 때문에 생긴 미소일 것이다. 이젠 활짝 웃음도 좋긴 하지만, 남들이 보는 나의 트레이드마크도 잔잔한 미소에 두고 있으니 활짝 웃음을 내려놓아도 될 것 같다. '마음으로 보는 눈, 마음으로 듣는 귀, 마음으로 이러는 마음.' 이런 경지에 다다라야 할 나이가 되었으니 활짝 웃음은 그냥 버려도 될 것 같다. 주변에서 일어나는 모든 상황을 보면서 지금은 그냥 웃지요, 그게 나의 미소다.

서산 마애삼존불 보살의 웃음을 떠올려 본다. 과히 모나리자의 미소와 버금갈 정도의 미소다. 서양인이 그린 여인의 미소와 동양인이 돌에 새긴 미소는 분명한 차이가 있다. 그 차이는 독자분들이 비교해 보면 되리라 생각한다. 미소? 내 얼굴에서 표현되는 그 모습은 어떤 모습의 미소를 짓고 있을까? 거울을 쳐다보며 미소도 지어보고, 화난 표정도 지어보고, 짜증스러운 표정도 지어보지만 그래도 잔잔한 입가에 잡히는 그런 미소가 더 좋은 것 같다. '웃는 얼굴에 침 못 뱉는다.'라는 속담처럼 그 미소 속에는 슬픔도 있고, 기쁨도 함께 있으니 그대로 존중하면 될 일이다. 웃자, 그리고 미소 짓자. 남이 아닌 나를 위해서 그러다 보면 늘 봄날이지 않겠는가?

마음먹기 나름,
행복이라는 걸 알았다

: 마음이란 무엇일까? 마음은 마음이다. 그런데 마음에 대해서 많이 알려진 것도 있고 알려지지 않는 부분도 더 많다. 나는 일생동안 마음을 찾아 헤매면서 마음 아픈 사람들을 보살피는 정신과 의사로 일관했다. 정신과를 전공하기 시작한 때에는 나는 마음에 대하여 궁금증도 많았고 마음에 대해서 많이 알고 있었다고 생각했다. 정년 퇴임을 할 무렵에는 내가 마음에 대해서 아는 것이 얼마나 될까? 라는 회의에 빠진 적이 있다.

파도 파도 그 깊이를 알 수 없었기 때문에 초년병 시절보다 아는 것이 더 없다고 느껴지기도 한다. 학교 다닐 때 내 친구 중의 하나가 정신과 교수님의 "마음이란 무엇인가?"라는 질문에 "모릅니다.(unknow)"라고 대답했다. 기발하지만 지금 생각하니 참 맞는 말이다. 수련의를 시작하면서 내가 환자에게서 많이 들었던 몇 가지가 생각난다. "선생님은 내 마음을 몰라요." 이 말은 마음이라는 것을 무엇인지도 모르면서 아는체하는구나! 라는 뉘앙스의 숨은 뜻이 있었다. "선생님 경험이 다 옳다고는 말할 수 없잖아요." 이런 말은 나의 개인적인 경험을 일반화해서는 안 된다는 말이 숨어 있다. "내 마음은 내가 알아요." 이 말은 알지도 못하면서 아는 체만 하는구나! 라는 뜻이 담겨있었다. "이 사람 도대체 뭐 하는 사람입니까?" 내가 예진을 마치고 교수님 앞에 병상 기록지를 보여드렸더니 환자가 교수님에게 던진 말이다. 그분은 교수님에게 "가르치려면 좀 똑똑히 가르치세요."라면서 그냥 나가 버렸다.

물론 환자가 한 말끝에 붙인 숨은 뜻은 내가 전문의가 되어 경험을 쌓으면서 추천해 본 숨은 뜻이다. 지금 생각하니 그 환자분들이 한 이야기는 전부 옳다. 그런 말을 내가 듣지 않았으면 전문의가 되어서도 나 자신을 통찰하지 못했을 것이다. 환자를 통하여 나 자신을 통찰했다는 것은 극히 일부에 해당한다. 그 통찰로 인하여 나 자신을 전부 알았다고는 말할 수 없다. '너 자신을 알라(know thyself)'라고 말한 소크라테스나 '내가 내 마음도 모르는데, 남의 마음을 어떻게 알겠느냐?'라고 말한 공자도 모두 기원전에 살았던 분들이다. 적어도 이천사오백 년 전에 했던 이분들의 말씀이 오늘날까지 끊임없이 회자되는 것을 보면 참 마음이란 이해하기 어려운 것임이 틀림없다. 지금도 마음을 찾기 위해 수행하는 분들도 많고 의학적으로 연구하는 분들도 많이 있지만, 오리무중인 것이 아는 그것보다 더 많으니 모르겠다는 그 말이 실감 난다. 이천사오백 년을 지나면서 같은 주제로 연구됐지만 표현하는 용어나 내용이 조금씩 다를 뿐 그 두 분이 했던 말씀을 능가하지를 못하고 있으니 정말 한길 마음속은 모른다는 말이 실감 난다.

그런데 마음에 관해서 한가지 관심이 가는 말이 있다. '마음먹기 나름'이라는 말이 있다, 나는 이 말이 소크라테스나, 공자가 했다는 명언보다 조금은 한발 앞선 명언 같아 호감이 간다. 마음먹기 나름이라는 말은 학문적이라기보다는 지금을 살아가고 있는 일반인들이 보편적으로 선호

하고 많이 사용하는 용어 같다. 생각해 보면 마음먹기에 따라 결과가 많이 달라진다. 포괄적으로 이야기하여 긍정적으로 마음을 먹고 살아가는 사람과 부정적으로 마음을 먹고 삶을 살아가는 사람들의 과정도 과정이지만 그 결과는 판이할 것이다.

마음먹기 나름이란 말은 쉬워도 그렇게 마음먹기까지 과정이 참 어렵다. 먹을까?, 말까? 라는 벽에 부딪히면 그것은 오로지 자기 자신이 선택해야 할 문제이다. 그러니 마음먹기 나름이라는 것은 최종적으로 자기 선택이다.

길을 가다 갈림길에 서면 이쪽 길로 갈까?, 저쪽 길을 갈까? 그것은 오로지 자기의 선택에 따라 결정되는 것처럼 마음먹기도 갈림길에 서서 자기가 선택하는 것이니 자업자득이다. 잘못된 선택이라고 하더라도 그 선택의 결과는 마지막에 가서야 인지할 수 있으니 지나놓고 보니 알겠다. 라는 말이 그래서 나온 것일 것이다.

지나놓고 결과를 두고 보면 쉽게 알 수 있는 것도 과정에서는 알 수 없으니 그게 참 묘한 마음이다. 나도 살아오면서 그 선택을 잘한 것도 있고 잘못한 것도 있다. 잘못된 선택 때문에 고통도 많이 받았다. 그러나 지나놓고 보니 잘못된 결과도 다음 선택의 의미 있게 작용해 주었으니 고마운 일이다. 삶이 많이 쌓인 지금에 와서 생각하니 '마음먹기 나름이 행복'이라는 걸 실감 나게 알았다.

봄이다. 농부가 밭을 갈려 쟁기를 들고 밭을 갈며 이런저런 말로 흥얼거린다. 밭고랑을 만들며 '이 고랑은 내 마음이요, 저 고랑은 누구의 마음인가? 이 흙을 내 고랑에다 쌓을까?, 저 고랑에다 쌓을까?' 흔들리는 농부의 마음에 차가운 바람과 흙먼지 돌풍이 야속하게도 농부의 마음을 흔들어 놓는다.

모진 바람에도 꿈적하지 않는 갈대처럼 이 농부도 올 한 해 농사를 지으려 하다 보니 마음 농사가 먼저인가 보다. 그러다 보니 그 생각에 농부는 본인도 모르는 웃음을 지어낸다. 그 웃음이 행복해 보인다.

지식을 지혜로
바꾸는 시간

: 지식과 지혜는 같은 점도 많고 다른 점도 많다. 그렇다면 지식과 지혜를 겸비한 사람은 무엇이라고 물러야 할까? 딱히 떠오르지 않는다. 그런 합성어가 없는 것을 보면 지식과 지혜를 겸비하기가 참 어려운 모양이다. 지식이란 '교육이나 경험, 또는 연구를 통해 얻은 체계화된 인식의 총체.'를 말한다. 말하자면 아는 것이 많다는 뜻이다. 이에 비해 지혜란 '사물의 이치나 상황을 제대로 깨닫고 그것에 현명하게 대처할 방도를 생각해 내는 정신의 능력'이다. 이 뜻으로 미루어 보면 지식이 지혜가 될 수도 있지만, 그보다 경험적으로 터득한 올바른 적은 양식일 것 같다. 그러니 지식이 없어도 지혜는 얼마든지 있을 수가 있다. 그런 점에서 지식과 지혜가 구분되는 모양이다.

나와 친교가 있었던 서광선 교수가 생각난다. 이분은 철학과 교수였는데 한번 해직 교수가 되었다가 다시 복직한 교수였고, 해직된 동안 신학교를 다녀 목사 안수를 받았다. 복직할 때는 이화여대학 교목으로 복직을 하셨다. 당시 총장으로 계시던 김옥길 총장이 서광선 교수를 불러 어떤 보직에 종사할 수 있는 교수를 한 분 추천하라고 하셨다. 그래서 즉석에서 그 역할을 해낼 만한 교수 한 분을 추천했다. 그랬더니 총장님은 "그 사람은 안 돼." 의외의 답변을 들은 서광선 교수는 총장님에게 그 사람이 왜 안 되는지를 물었다. 대답은 간단했다. "너무 똑똑해." 이 단호한 말을 듣고 다시 질문했다. "총장님, 저도 똑똑한데요." 그랬더니 되돌아오는 말이 또 당황스럽게 만든다. "그러니 당신도 조심 하라우." 이 일화는 서광선 교수에게서 직접 들은 이야기이다.

총장께서 똑똑해서 안 된다는 말은 아마도 지식은 많아도 지혜롭지 못하다는 점을 일러 주고 싶지 않았나 유추된다. 서 교수를 보고 당신도 조심하라고 경고한 것은 지혜롭게 살라 하는 말이 숨어 있을 것 같다. 이런 지혜에 대한 지적은 선인들이 많이 했었다. 또 생각나는 분이 있다. 이 분은 나와 정신과를 함께하는 동료의 형님인데 문교부 장관을 하셨다. 독일에서 철학 공부를 마치고 귀국하여 연세대에서 교수로 재직하던 중 문교부 장관으로 발탁되어 역할을 하신 분이다.

설이나, 추석이 되면 선물을 들고 집으로 찾아오는 분들이 많았다. 당시에는 명절을 맞으면 지인이나 윗사람에게 서로 선물을 주고받으면서 관계를 돈독히 하는 습관이 있었다. 이런 관행이 지나치면 목적을 가지고 선물하는 경우가 많다. 뇌물이다. 이 선물을 받고 내가 원하는 그 무엇을 달라는 청탁이다. 요즘 사회적으로 보면 거액을 주고 선물이라고 우기는 사람도 있고, 받은 사람도 선물로 받았지, 뇌물로 받은 적은 없다고 변명하는 사람들도 많다. 내 친구의 형인 문교부 장관도 그런 관행 같은 것을 깨뜨리고 싶은 마음이었는지 명절이 되면 집 대문을 굳게 닫고 대문에 '뇌물 사절'이라고 써 붙였다. 옛날에는 대문 앞에 글을 부치는 것은 보통 봄이 오면 '입춘대길'이라든지 집에 사나운 개를 키우면 맹견 주의 그런 글귀를 많이 써서 대문에 붙였다. '뇌물 사절.' 이런 글귀는 처음이어서 당시 신문 사설란에도 오르내린 일화다.

정직하게 살고 싶은 사람의 당연한 소망을 적은 것인데 그것을 본 지나가는 사람마다. "떡 줄 사람은 생각하지 않는데, 김칫국 먼저 마신다."라고 비아냥거리는 사람들로 있었다. 지금 생각해 보니 그 당연한 이야기를 대문 앞에 써 붙인 것은 지식적으로 말은 옳지만, 지혜가 부족한 것 같다.

말이나 글은 상대방에게 내 생각을 전달하고 공감받을 수 있도록 하는 것이 목적일 텐데 말은 옳다고 하더라고 상대방으로부터 공감받지 못한다면 지혜가 부족한 말임에 틀림이 없다.

나도 그런 경험이 많다. 지나놓고 보니 그게 지혜롭지 못한 내 말이었구나, 또는 내 행동이었구나 하는 것을 지금은 알 수가 있었는데 그때는 알지 못했다.

내가 결혼하여 사회생활을 활발히 하고 있을 때다. 장인어른이 집에 오셔서 나와 대화를 깊이 나눈 적이 있었다. 무엇이 주제이었는지는 모르지만 내 말을 들은 장인어른은 이런 말씀을 하셨다. "자네 말은 하나도 틀림이 없는데……."라고 뒷말을 흐렸다. 당시 내 생각에는 내 말이 옳으면 옳은 것이지 옳기는 한데 공감하기 어렵다는 뜻을 담은 말씀이다. 나는 그 말의 뒤 끝에 숨어 있는 게 지혜롭지 못하다는 지적임을 깨닫지 못했다. 지혜의 뜻을 다시 한번 생각해 본다. '사물의 이치나 상황을 제대로 깨닫고 그것에 현명하게 대처할 방도를 생각해 내는 정신의 능력'이 말을 두고 보면 내가 상황을 올바르게 깨닫지 못했다는 점이다. '가장 아름다운 지혜는 지나치게 영리함이 없는데 있다.'라는 속담이 있다. 깊이 새겨들으면 누구나 실천할 수 있는 지혜다.

아, 끝까지 즐기는
모험이 인생이었네

: 삶이 무엇이냐고 묻는다면 무엇이라고 대답할까? 일반적으로 많이 회자하는 답은 삶은 고통이다. 라는 말이 있다. 고통뿐이겠는가? 희로애락이 모두 삶인데 그래서 삶을 한마디로 정의하기가 너무 어렵다. 복합적이다. 복합적이라는 말은 여러 가지를 섞어 짜깁기했다는 말인데 나는 모험이라는 화두를 잡고 삶을 짜깁기 해본다. 결론부터 말하면 삶이란 모험에서 시작하여 모험으로 끝나는 단편소설이다.

모험이란 '위험을 무릅쓰고 어떤 일을'하는 것인데 이와 비슷한 단어로 탐험이라는 것도 있다. 탐험의 뜻은 '위험을 무릅쓰고 찾아가 잘 알려지지 않은 어떤 곳을 살피고 조사함'이라고 설명하고 있는데 모험이나, 탐험은 비슷하긴 하지만 굳이 구분하자면 모험은 좀 소극적인 느낌이고, 탐험은 삶에 대한 적극적인 인상을 주는 단어다. 삶 자체가 모험이라고 했으나 그 가운데 가장 큰 모험은 이 세상에 태어나는 순간이 아닌가? 생각된다. 우리가 이 세상에 태어나면서 태어났을 때의 상황을 기억하는 사람은 아무도 없다. 상황을 기억하지 못하니 그때 태어난 당사자는 어떤 느낌이 있었을까? 본인은 기억 못 하겠지만 부모들은 유추할 수가 있을 것이다.

내가 결혼하여 첫아들을 낳을 때 기억이 난다. 그때 나는 아버지가 된다는 상황에 대하여 설렘 반, 불안한 마음 반 그런 표한 감정이었다. 분만실에서 담당 선생님이 나를 보잔다. 담당 선생님은 나에게 의견을 물었다. 문제는 출산하는 아기가 열 달을 채우지 못하고 조산한 것과 다른 하나는 몸무게가 2.4kg밖에 안 된다니 이는 교과서대로 처치하자면 인큐베이터에 넣어야 하는 사정이란다. 나는 선생님의 판단에 따르겠다고 말했다. 선생님의 말씀은 의외였다. 인큐베이터에 넣지 않겠다는 것이다. 그 이유는 아기가 태어날 때 울음소리가 정상 분만 아이보다 크단다. 다른 하나는 젖병을 물렸더니 고무젖꼭지를 빠는 힘이 커서 우유병을 금방 비워 버렸단다. 이 두 가지를 보면 자기 생각에는 인큐베이터에 넣지 않더라도 될 것 같다는 의견이다. 그렇게 해도 좋겠는가 하는 것을 묻는다. 나도 의사이긴 하지만 정신과 의사지 산과 전문의가 아니다. 그래서 이 점도 선생님의 뜻대로 하시라고 일임했다. 그러고 나서 나는 정신과 의사답게 아들의 출생에 대하여 정신과적인 추리를 해 보았다. 추리라고 하지만 내 생각이 아니라 많은 정신의학자의 가설을 초대로 해본 짜집기식 추리다.

우선 아기가 태어났을 때 모두 울음을 터뜨린다. 왜 울까? 기본적으로는 불편하거나, 공포에 직면하면 울음을 터뜨린다. 그 갓 태어난 아기가 무슨 고통이 있고 무슨 공포가 있어 울었을까? 사실 어머니의 자궁 속에 있을 때는 어머니가 공급해 주는 영양분을 섭취하면서 양수 속에서 평안히 잠만 자면 된다. 자기 스스로 해야 할 일은 아무것도 없다. 그런데 어느 날 산달이 되어서 갑자기 자궁 밖으로 퇴출당한다. 퇴출당할 뿐만 아니라 지금까지 영양분을 공급해 주었던 탯줄마저 끊어 버린다. 자궁 안과 출생 후의 바깥세상은 판이한 세상이다. 자궁 속에서는 자기가 할 일은 아무것도 없었지만, 퇴출당한 이후에는 숨도 스스로 쉬어야 하고, 젖도 스스로 빨아야 하고, 모든 것이 스스로 해야 하는 환경이다. 이렇게 생각을 해본다면 일생 중 가장 큰 충격을 받는 것은 출생이 아닐까? 추리해 본다.

가설적 근거는 오토랭크(Otto Rank, 1884~1939)라는 분이 '출생 충격(Birth Trauma)'이라는 용어로 그 충격을 설명한 것이 있다. 아들의 경우 울음소리가 컸다는 것은 다른 아기보다 충격의 크기를 더 크게 느꼈을지 모르겠다. 또 우유병 젖꼭지를 힘차게 빨았다는 것은 본능적인 삶에 대한 응급 대처다. 이런 추리는 출생하는 아기면 누구나 경험하는 본능적인 반응이 태어나는 모든 아기에게는 큰 충격(Growth Trauma)이 아닐 수가 없다.

우리들은 자라면서 주변의 자연환경과 인위적인 환경인 인간관계 그리고 시공간에 대한 현실적 적응을 하면서 점차 살아가는 삶의 기술을 배우게 되는 것이다. 비슷한 경험은 있어도 똑같은 경험은 없다.

생각하면 어제가 다르고 오늘이 다르고 또 내일이 다르다. 비슷한 것을 오래 경험하다 보면 적응하는 방법도 비슷해진다. 우리 앞에 닥치는 상황마다 모두가 모험이고, 탐험이다. 미지의 세계를 찾아가는. 비슷한 경험은 그래도 축적된 적응 방법으로 살아갈 수 있으나 큰 상황의 변화는 적응하기가 어렵다. 그래서 고통이 따르는데 마지막 모험은 삶의 모험을 끝내고 삶을 마감하는 모험이 가장 큰 모험이다. 요약하면 출생의 충격은 삶의 커다란 사건이요, 그 사건을 이겨내고 살아온 마지막의 모험은 생을 마감하는 마지막을 어떻게 정리하느냐에 따라 한 인생의 삶이 모험과 탐험으로 끝나게 될 것이다.

'폭풍우, 안개, 눈보라가 때때로 자네를 힘들게 할 거야. 그럴 때면 자네 이전에 그것을 겪었던 사람들을 떠올려 보게. 그리고 이렇게 말하는 거지. 다른 사람들이 해냈던 것이라면 우리도 언제든지 해낼 수 있다고. 말이야. (인용: 생텍쥐페리)' 남이 해낸 모험과 탐험이라면 나도 할 수 있고, 남이 겪은 고통과 괴로움 그리고 행복과 기쁨이라면 나도 그들이 겪었던 모든 것들을 떠올리며 해낼 수 있다는 용기와 지혜가 있다. 그래서 곰곰이 생각해 본다. 벼락 맞은 대추나무가 단단하다고 하듯이 우리들의 삶도 벼락을 맞으며 살아가고 살아왔으니, 지금에서야 알 것 같다. '아, 끝까지 즐기는 모험이 인생이었네.'라는 제목처럼 그 끝까지 가는 여정의 발자국을 하나하나씩 새롭게 찍어 나가보는 모험이 곧 나를 탐험의 세계로 이끌어 간다는 것을.

같이 나이 먹는
사람들을 보는 재미

: 나이란 참 이상하다. 지금까지 우리나라 관습은 이 세상에 태어나면 한 살을 안고 나온다. 그도 그럴 것이 어머니의 자궁 안에서 열 달을 보내니 나올 때는 한 살 먹고 나오는 게 맞다. 그리고 다른 나이 셈법은 태어나서부터 나이를 헤아린다. 말하자면 만으로 셈하는 것이다. 그런데 올해부터는 이 두 나이를 통합하여 출생 이후부터 나이를 셈한다니 이 셈법으로 말하면 나는 올해 꼭 90세가 되는 해다. 내가 생각해도 내 나이가 참 경이롭다.

내가 정말 90년 세월을 살았단 말인가? 정초에 자녀들과 함께 저녁을 먹으면서 내 나이 90이 되었음을 축하해 주었다. 90이라는 숫자는 나에게 기적적인 숫자인데 이를 각인이라도 시켜줄 모양인지 자그마한 현수막 하나를 만들어 내 사무실 창문에 걸어 주었다. 이 현수막에는 내가 팔짱 끼고 서 있는 모습과 함께 다음과 같은 글이 적혀 있었다. '90세, 아직 젊다. 멋진 당신의 구순을 축하합니다. 인생의 황금기는 지금부터 시작입니다.' 내가 평소에 했던 말을 발췌해서 적어둔 것이다. 자녀들이 왜 이런 현수막을 만들어 걸어 두었을까? 물론 축하하는 마음에서 오래 기리기 위해서 만들어 주었을 텐데 나는 다른 생각이 들었다. 이런 말은 내가 평소에 자주 한 것을 보면 글이나, 강연 같은 데서 많이 했던 소리라 이를 나에게 되돌려 주면서 당신도 그렇게 살라고 강조해 주는 느낌으로 받아들였다.

한국 사람만큼 나이에 민감한 사람들도 없을 것이다. 대화하다가 서로 막히면 "너 나이 몇이야?" 하면서 나이를 들먹인다. 나이를 들먹이는 뜻은 자기 자신이 조금이라도 앞선 나이일 때 그런 말로 상대방의 말문을 막고자 함이다. 그런 습관이 있었을 때가 있었으니 그 당시에는 필시 나이로 인해 얻을 수 있는 이득이 많았을 것이다.

나는 정신과 의사로 한창 일할 때 이상한 습관 하나가 생겼다. 외래에 새로운 환자가 와서 상담을 청하면 습관적으로 제일 먼저 보는 것이 그 환자의 나이다. 내가 나이를 보는 뜻은 엉뚱한 데 있다. 내 나이와 비슷한 사람이면 더 집중적으로 살핀다. 그 이유는 내가 나를 볼 수 없으니 내 나이 또래 사람의 표정이나 품격을 보면 에둘러 나라는 사람을 내가 간접적으로나마 알아차릴 수 있을 것이기 때문에 그랬다. 처음에는 나보다 나이 들어 보이는 사람도 있고, 또 마음 상한 일을 안고 찾아오니 표정이 밝을 수도 없다. 이런 점으로 미루어 나는 그분들보다 다행스럽다는 생각을 위안으로 삼았던 적이 있다.

자기 나이를 받아들이는 습관도 가지각색이다. 자기 나이보다 많은 것처럼 행동하는 사람도 있고, 반대로 더 젊어 보이려고 애쓰는 사람도 있고 다양하다. 내가 어릴 때는 한 학년이면서도 나이가 들쑥날쑥 차이가 많았다. 보통 정상적인 나이보다 한두 살 더 많은 사람이 많았는데 이는 출생신고를 늦게 해서 그렇다. 왜냐하면, 당시엔 영아 사망률이 높으므로 출생신고를 하지 않고 1년, 2년을 용케 버텨 살아난다면 그제야 출생신고를 해 주었으니, 나이가 들쑥날쑥할 수밖에 없다. 다른 하나는 6·25전쟁이 일어나서 병역을 피하고자 나이를 줄이거나, 늘리거나 부정행위들이 많았고 내가 교직에 있을 때는 정년 퇴임을 맞는 교수님들 가운데 정년을 늘리기 위하여 자기 나이보다 법적으로 줄인 분들도 있었다. 모두 해서는 안 될 일인데 그때는 그런 분들이 많이 있었다.

요즘처럼 혼탁한 사회를 살다 보면 무엇이 올바르고 무엇이 그릇된 것인지 분간하기조차 어려운 삶을 살고 있다. 그런데 꼭 하나 정직한 존재가 있다. 꼭 하나 정확한 존재가 하나 있다. 꼭 하나 평등하고 공정한 존재가 있다. 그것이 바로 세월(나이)이 있다. 가족이 모여 저녁을 먹다 손자 이야기가 나왔다. "개가 올해 몇 살이지?" 36이란다. 깜짝 놀랐다. "손자가 그렇게 나이가 많아?" 손자의 나이가 많이 들었다면 나 또한 그만한 세월을 먹었을 텐데 내 나이 먹은 것은 잊고 손자가 그만한 나이를 먹었다는 것을 놀랍게 받아들였다. 착각이다. 세월이라는 것도 사람마다 그 길이가 다르다면 혜택을 받지 못하는 쪽에서는 억울할 것이다. 그래서 내가 90이 되었다는 현수막에도 불구하고 믿기지 않는 감사한 마음이다. 나한테 기적 같은 90세가 다가왔으니 감사하지 않을 수가 없다. 이보다 더 감사한 일은 세월의 정직함이다. 확실함이다. 그리고 공정함에 대한 감사하고, 감사함이다. 불쑥 내가 어릴 때 어른들이 하시던 말씀이 생각난다. "촌음을 아껴 써라." 모르긴 해도 지금 내 나이가 꼭 촌음을 아껴 써야 할 나이가 된 듯싶다.

손자들이 나이 들면, 나도 나이 들고, 제자들이 나이 들면 나도 나이 든다는 정직하고, 확실한 셈법을 통찰할 수 있다면 어른답게 나이 든 것일 것이다. 그럼에도 불구하고 나는 착각이 좋다. 손자 손녀들은 쑥쑥 자라지만 내 나이는 그렇지 못하다는 착각인데 착각인 줄 알면서도 착각 속에 살고 싶다.

세월은 유수와 같이 흐른다고들 한다. 하지만 나는 그 세월이 유수와 같이 흐르지 말고 멈추어 있었으면 좋겠다는 생각이다. 나이 든다는 것 석양의 해가 줄어드는 만큼 내 어깨에 떨어지는 석양의 노을도 그만큼 줄어드는 느낌이니 이 느낌이 싫다. 나이가 들면 그리움이 쌓이고, 사람의 정이 그립고, 마음 나눌 사람이 곁에 있어야 한다고들 하는데 나도 그렇다. 같은 시간, 같은 공간을 나누고 그렇게 지는 석양의 늘어진 노을과 같이 함께할 동료들이 내 주변에 있다는 것 자체만으로도 기쁨이고, 행복이다. 그래서 나이 든다는 것은 결코 두려운 게 아니라는 것이다. 그저 그 나이에 물끄러미 뒤돌아본다. 왜냐면 나는 아직 젊기 때문이다.

(에필로그)

근후가 전하는,
어른으로 살아가는 우리에게 전하는 위로와 응원의 말

질문은 내가 어른으로 살아가면서 앞으로 어른이 될 많은 분에게 덕담 하나를 남기라는 주문이다. 이런 주문은 평소에 많이 들었기 때문에 내가 쓴 책에서 유감없이 피력했다. 그런데 새삼스럽게 다시 그 한마디를 적어 달라고 하는 것을 보면 그 많은 맛깔스러운 말 가운데 가장 맛있는 말이 무엇인가를 들려 달라는 뜻으로 받아들였다.

 하나를 선택하라면 신뢰를 꼽고 싶다. 믿음이란 집으로 말하자면 기초에 해당한다. 기초가 튼튼해야 집이 튼튼하다. 겉보기에는 이를 구분하기는 어려우나 기초가 튼튼한 집은 오래갈 것이고, 기초가 부실한 집은 허술하므로 오래가지 못할 것이다. 그래서 나는 내가 권하는 가장 기초적인 한마디를 하라면 '신뢰' 즉 '믿음'이라는 맛이다. 부연하여 한두 가지를 더 첨부한다면 인간관계를 바탕으로 하는 소통 그리고 나누는 삶이었으면 좋겠다. 이 군더더기도 믿음으로 인해 파생되는 것이니 줄이고 줄여서 한마디를 한다면 결국 '믿음'이다.

나는 이 글을 쓰면서 많은 즐거움을 경험하였다. 시작이 있으면 끝이 있다고 했으니 어느새 에필로그를 쓰면 끝이다. 신뢰, 믿음이라는 맛을 권하면서 이 원고를 마감하고자 한다. 이 원고의 특징은 '즉문즉답'이다. 그리고 질문을 받는 순간 떠 오르는 첫 번째 연상을 중심으로 적고 가필하지 않았다. 비록 문장이 서툴러 아름답지는 못는지는 모르지만 내가 하고자 하는 말의 진솔함에는 맛을 부여하고 싶다. 이 글들은 교과서는 아니다. 나의 경험일 뿐이다. 진솔한 나의 경험을 쓴 글을 읽고, 공감하는 이가 많아 스스로 선택하는 동기가 부여되었으면 좋겠다.